Filosofia

DOMINIQUE JANICAUD

Uma iniciação em pequenas lições

Tradução
Marisa Motta

JOSÉ OLYMPIO
EDITORA

Título original em francês
LES BONHEURS DE SOPHIE

Originalmente publicado na França pela Encre Marine sob o título *Les bonheurs de Sophie: une initiation à la philosophie en 30 mini-leçons*.
Copyright © encre marine 2003, Fougères 42220 La Versanne, France.
Ao autor tem assegurado seu direito moral de ser identificado como autor desta obra.

Reservam-se os direitos desta edição à
EDITORA JOSÉ OLYMPIO LTDA.
Rua Argentina, 171 – 1º andar – São Cristóvão
20921-380 – Rio de Janeiro, RJ – República Federativa do Brasil
Tel.: (21) 2585-2060 Fax: (21) 2585-2086
Printed in Brazil / Impresso no Brasil

Atendemos pelo Reembolso Postal

ISBN 978-85-03-00916-4

Capa: Hybris design / Isabella Perrota

CIP-Brasil. Catalogação-na-fonte
Sindicato Nacional dos Editores de Livros, RJ.

J33f	Janicaud, Dominique, 1937-2002
	Filosofia: uma iniciação em pequenas lições / Dominique Janicaud; tradução Marisa Motta. – Rio de Janeiro: José Olympio, 2008.
	
	Tradução de: Les bonheurs de Sophie
	Inclui bibliografia.
	ISBN 978-85-03-00916-4
	
	1. Filosofia – Introdução. I. Título.
	
	                                    CDD – 100
	                                    CDU – 1

08-1625	

SUMÁRIO

Introdução	7
1. Nem rito nem senha!	9
2. Cuidado com o guru!	13
3. Apenas o espírito crítico?	17
4. Palavra-valise?	21
5. Maiúscula ou minúscula?	25
6. Um teste	29
7. Sócrates e Hípias entram em cena	33
8. Difícil ou fácil?	37
9. A galeria dos espíritos nobres: Alguns grandes sábios da Antiguidade	41
10. A galeria dos ilustres pensadores: Alguns modernos importantes	45
11. História ou análise?	51
12. Por quê?	55
13. O que é o homem?	61

14. O que significa agir livremente? 65
15. Liberdade moral, liberdade política 69
16. Deus, uma questão fora do programa de ensino! 73
17. E a religião? 77
18. E a felicidade nisso tudo? 81
19. Quais desejos? Consciência e inconsciência 85
20. A técnica e a vida 89
21. O bem, o mal e além disso? 93
22. A elevação pela arte 97
23. Nietzsche, o inexplicável 101
24. Qual sociedade, qual Estado? 105
25. Perguntas demais? Uma única pergunta 111
26. Como abordar os autores? 117
27. Por que não é uma ciência? 121
28. Justiça e verdade 125
29. Qual amor? 129
30. Alguns grãos de sabedoria, apesar de tudo! 133

Algumas leituras recomendadas 137

Índice onomástico 139

INTRODUÇÃO

Este pequeno livro deseja apenas preencher uma lacuna, entre outras, que me foi apontada pelos alunos do ensino médio, ansiosos por serem introduzidos à filosofia, durante as férias de verão, depois de terem sido aprovados nos exames que antecedem o vestibular. Existem muitos manuais e livros didáticos adotados nas escolas, nos quais são abordados os principais temas que fazem parte do programa, porém sem nenhuma iniciação preliminar.

O recente ensino oficial coloca a questão "O que é a filosofia?", como se fosse possível aventurar-se na reflexão filosófica sem se saber o que estuda, nem ao que se objetiva. A questão, entretanto, sobre a essência da filosofia é considerada negligenciável ou muito difícil?

Tenta-se aqui, entre outras questões, preencher essa lacuna por meio de uma iniciação acessível a todos os alunos que terminaram o ensino médio, não importando a área por eles escolhida. Essa iniciação abre caminho à execução de trabalhos mais documentados, mais detalhados e mais ambiciosos, observando-se, em particular, a leitura de textos fundamentais dos grandes filósofos, que serão abordados de forma discreta.

No momento, queridos leitores, não tenham medo da filosofia! Deixem-nos guiá-los com suavidade e esperamos, com prazer, apresentá-la. Não se exige um esforço exagerado. Ela pode ser realizada durante o banho ou em uma escalada. Sugere-se apenas, de imediato, o necessário a ser esboçado e discutido.

Cada capítulo equivale a uma pequena lição que corresponde, em média, a quinze minutos de leitura. O tom é o de uma conversa. São trinta lições, como os trinta dias de um mês. Agosto ou julho? Escolham! É pedir demais?

1
Nem rito nem senha!

Será que lembramos os momentos precisos de nossa infância? Quando começamos a andar, a falar, a pronunciar o próprio nome, a reconhecer papai e mamãe? Tudo isso está muito distante e agora nos parece indiferente. Quando temos dezesseis ou dezessete anos, lembramo-nos de acontecimentos mais significativos: as primeiras experiências escolares, a iniciação musical, um casamento na família, uma grande tristeza e até algo como o primeiro amor.

Cada um desses acontecimentos significa uma ruptura, pequena ou grande, na vida cotidiana. A iniciação à filosofia representará uma ruptura de nossa vida de tal ordem que logo depois diremos "Nada será como antes..."? É cedo demais para saber. Percebemos, porém, que a iniciação à filosofia nada tem a ver com um rito de passagem ou um rito iniciático.

Um rito é um procedimento carregado de sentido social e religioso, um gesto obrigatório e codificado. A circuncisão, na tradição judaica, marca a admissão do recém-nascido do sexo masculino no seio da comunidade.

A infibulação, as escarificações, as tatuagens são também cicatrizes irreversíveis que indicam o desenvolvimento e a maturidade do ser humano no meio de um grupo em determinadas sociedades tradicionais.

O rito de passagem torna-se um verdadeiro rito iniciático quando o grupo (ou a comunidade) serve-se dele para inculcar no indivíduo instruções ou fórmulas que o introduzem como membro da comunidade. Todas as religiões têm os seus. As sociedades secretas também, e até mesmo algumas gangues. Tamino, personagem de Mozart em *A flauta mágica*, deve submeter-se a várias provas simbólicas com significados obscuros que correspondem aos ritos da franco-maçonaria.

Superados esses ritos, estamos livres. Somos um outro homem, uma outra mulher. Tornamo-nos adultos, um guerreiro ou um iniciado. Já conhecemos os códigos ou a senha.

Não há senha nem fórmula mágica para que nos tornemos um filósofo. Nem tatuagem nem batismo. Nem histeria coletiva nem invocação a Deus ou a espíritos. Nem transes carismáticos nem gritos ou cantos.

A filosofia é por demais austera para os jovens que querem se divertir, dançar, deslumbrar-se? Talvez... Mas o dia se sucede à noite; o silêncio, ao barulho; o formal, ao lúdico.

A juventude deve conhecer apenas uma das facetas da vida, correndo o risco de mergulhar na depressão quando descobrir as duras realidades de nossa existência? A tranqüilidade, o espírito crítico, o silêncio devem permanecer estranhos a ela? Por que lhe negar a satisfação da curiosidade e da responsabilidade?

No horizonte dessa lucidez e dessa responsabilidade vislumbra-se a reflexão filosófica. Ela pode também estimular a paixão e o entusiasmo. Por que não? Mas ela não é primitiva nem religiosa. Nenhuma tatuagem irá testemunhá-la. Nenhum batismo irá confirmá-la. Ela não é o produto de mobilizações de grupos militantes nem uma atração de massa.

Ela só poderá lhe dar o que resultar de seu próprio esforço: primeiro, retrospecção, mais reflexão e consciência. É pouco? Ela não vai lhe prometer tudo nem lhe permitir tudo. Não deve confundi-lo nem destruí-lo. "Tudo ou nada" não é o seu lema.

O professor de filosofia não é um iniciado que vai pregar sua salvação ou prometer-lhe a Lua. Se ele o fizer, desconfie! Cuidado com o guru!

2
Cuidado com o guru!

Na Índia, um guru é um sábio reconhecido, um mestre a quem resolve-se seguir e escutar, às vezes durante anos. Inúmeros jovens fizeram essa "peregrinação às fontes", como Lanza del Vasto o fizera antes dos *hippies* de 1960, para fugir de nossa civilização turbulenta e do dinheiro, encontrar paz e uma nova razão de viver.

Essa iniciativa é respeitável. Não é ela profundamente filosófica? Como busca de sabedoria, certamente sim. Existiram elos históricos entre a Grécia antiga e a Índia por ocasião da gigantesca e insana expedição de Alexandre, o Grande, no século III a.C.: os filósofos chamados "Gymnosophistes" (isto é, os sábios nus) parecem ter sido discípulos ou iniciadores das práticas observadas na Índia.

A filosofia ocidental é sempre criticada por ser muito abstrata. Se isso acontece, não se deve dar razão àqueles que preconizam a meditação ao lado de um guru e que mudam radicalmente de vida?

Admitindo-se, por ora, a crítica, algumas observações sensatas precisam ser feitas: deve-se tomar uma decisão como essa sem refletir? Não se deve perguntar a si mesmo se é possível passar, sem transição nem precaução, de uma tradição cultural à outra? Enfim, como descobrir um verdadeiro guia, alguém que mereça nossa absoluta confiança?

Essas questões já são filosóficas, pois elas induzem a que se pergunte acerca do melhor caminho a seguir para se atingir o bom senso. Elas permitem a conscientização do que é inerente à tradição ocidental; encorajam a busca de informações sobre a riqueza espiritual da Índia, interrogando-se que critério adotar se, um dia, decidir seguir um guia.

Alguém impaciente contestará dizendo que ao seguir esse método nunca será dado o sinal de partida. Respondo: "Não. Absolutamente, não. Se deseja ir, vá! Tornou-se muito fácil e muito banal o turismo globalizado em nossa época. Muitos já o fizeram e o farão ainda. A experiência tem demonstrado que os 'resultados' são extremamente variáveis, benéficos ou negativos de acordo com o caso; às vezes, dramáticos. Pensar que apenas a mudança de lugar trará sabedoria é uma miragem."

Se não se estabelecer a dúvida e a descrença sistemática, o espírito crítico ficará enfraquecido. Porém, ele será também, e sobretudo, fortalecido se ajudar a desmascarar as idéias incutidas e o charlatanismo.

Ainda que lhe pareça que o exemplo de um sábio ou de um homem santo que medita é realmente digno de ser ouvido e observado, não hesite em fazer perguntas que possam, à primeira vista, parecer incoerentes: Qual o critério? Quais os argumentos? E se o guru se engana e me engana? Na filosofia, como na ciência, o valor de um pensamento não é medido em função da pessoa que o apresenta. Nem a idade, o tom de voz, a força de seu olhar nem sua reputação devem ser levados em conta.

Extraordinária ruptura! Um teorema não é verdadeiro só porque o professor de matemática que o enunciou é bonito: o mesmo acontece com a filosofia. Uma hipótese resiste a uma análise? Um raciocínio pode ser absurdo? Uma idéia pode ser digna de atenção? Perguntas como essas merecem ser levadas em consideração, livremente, com tranqüilidade. Ainda melhor se o professor for simpático, inteligente, interessante; mas cuidado com as confusões! Se ele se apresenta como um guru, desconfie!

Todo mundo tem na memória a célebre foto de Einstein mostrando a língua. Esse homem ilustre poderia ter sido um guru e, no entanto, não agiu assim: atitude realmente filosófica! Antes de Sócrates, Heráclito, cognominado o Obscuro, começa assim um de seus aforismos: "Não o eu, mas o *Logos*..." Ele quer dizer: não olhe para mim, pense sobre o que assinalo, o *Logos* (a tradução menos imperfeita será, talvez provisoriamente, "a unidade dos sentidos").

De fato, o espírito crítico é indispensável em toda conduta filosófica. Graças a ele, a confiança depositada neste ou naquele professor, neste ou naquele guia, será motivada, solidificada, esclarecida. É esse espírito crítico que desejo ajudá-los a adquirir.

3

Apenas o espírito crítico?

O exercício do espírito crítico é considerado atualmente, e com razão, condição fundamental em uma sociedade democrática e até fator de desenvolvimento. Sem esse atributo, como escolher racionalmente uma boa solução para si próprio e para a coletividade, como discernir as vantagens e as desvantagens de uma hipótese, de uma proposição? Como selecionar suas compras, gerir seu orçamento? Da economia à arte, da psicologia à moral, exercitar o espírito crítico é saber se orientar na vida.

Quem se opõe ao espírito crítico? O tirano, o ditador, em um regime totalitário ou policialesco. Não adianta oferecer resistência. É preciso ser submisso, cumprir as ordens do chefe supremo ou do partido no poder.

Todavia, tudo é assim tão simples? O espírito crítico será a panacéia para todas as dificuldades? Em primeiro lugar, uma condição não deve ser esquecida: não pode haver espírito crítico sem educação e formação satisfatórias. Quem não sabe ler ou escrever, quem não tem acesso aos órgãos de informação, terá capacidade de discernimento quando jogado nas ruas de uma grande metrópole? Para as populações carentes, que lutam por uma sobrevida imediata, o espírito crítico não tem, praticamente, nenhum significado; é um luxo que só pode ser usufruído em melhores condições, quando, eventualmente, se é beneficiado por certa autonomia intelectual e cultural.

Com base nesse esclarecimento, pode-se também compreender que a noção de espírito crítico não existia na imensa maioria das sociedades antigas e tradicionais em que a autoridade era exercida por um chefe, um patriarca ou um padre. Nessas sociedades, formadas por clãs, cada um desempenhava seu papel ou seu ritual. Quanto ao conhecimento, só merece destaque aquele que pertence ao grupo (ou a seus deuses). No máximo, podem-se admitir deliberações entre os antigos, talvez um debate sobre problemas que merecem muita atenção. Mas a cultura do "espírito crítico", em geral, ecoaria como uma incoerência; ela simplesmente não seria compreendida; não faria sentido algum.

Essas constatações não devem nos incutir um complexo de superioridade, permitindo-nos acreditar que somos intrinsecamente superiores a esses povos, a essas civilizações. Elas devem, sobretudo, nos incitar a compreender melhor as características próprias de nossa civilização.

Mais uma vez é preciso falar da Grécia antiga! *Krisis* é uma palavra grega que significa distinção, separação, escolha. Todos os gregos possuíam espírito crítico? Claro que não. Mas é em Atenas, no fim do século V a.C., que surge Sócrates: um sábio com idéias novas, que pergunta sem parar, desconcerta com seu espírito contraditório. Para mostrar as contradições, declara que ele mesmo só sabe que nada sabe. Luta contra fortes oposições e, por fim, é acusado e condenado por ter "corrompido a juventude". Mas seu exemplo sobrevive, sua forma de discussão fez escola, o diálogo socrático torna-se um recurso e até mesmo um método, uma disciplina. O espírito crítico e o espírito filosófico aliam-se sob a patronagem de Sócrates, esse sábio que, como observou Nietzsche, não deixou nada escrito!

De fato, passaram-se séculos, e só depois de muitas atribulações o valor do espírito crítico foi reconhecido. Sócrates foi um precursor notável! No início dos tempos modernos, Galileu, que diante de seus juízes afirmava que a Terra girava em volta do Sol, só cometeu um erro, o de ter contrariado a autoridade estabelecida.

Mesmo atualmente, o excesso de espírito crítico é sempre perigoso. Quem fizer uma crítica negativa, apenas para discordar ou destruir, será considerado "niilista", aquele que não crê em nada e que destrói por princípio.

Como fazer bom uso desse espírito crítico que deveria ser considerado uma qualidade e praticado como tal? Não transformando os meios em fim. O espírito crítico é um instrumento: é um objetivo por si só?

O bom senso confirma: criticar por criticar não leva a nada. Se não houver razão para a crítica, continue refletindo filosoficamente, graças a esse espírito e muito além dele.

O espírito crítico é condição necessária, mas não é um fator determinante da filosofia. Com um pouco mais de filosofia desenvolve-se também o sentido e o conteúdo do espírito crítico.

4
Palavra-valise?

Há palavras que designam diretamente uma realidade clara e límpida. Assim, "cereja" e "bicicleta" remetem a uma fruta bem conhecida e a um meio cômodo de locomoção. Mesmo no campo da abstração, quando se lê "inglês" ou "física", referindo-se a um tempo determinado, compreende-se logo que se trata de aprender a língua inglesa e estudar algumas leis e propriedades da matéria.

Antes de entrar para um curso de filosofia, saberei de antemão o que vou fazer ou o que vou estudar? Realmente, não. É uma situação única e singular. Nenhuma outra disciplina é tão misteriosa.

Por quê? Será que a palavra "Filosofia" vai nos ajudar?

À primeira vista, parece bastante desconcertante. Ela é utilizada com razão e sem razão de ser. É chique. Liga-se o rádio. Ouve-se o primeiro-ministro apresentar sua filosofia da ação governamental. Olha-se a televisão. O que se vê? Um representante da maioria parlamentar dizendo que é preciso aumentar a tarifa dos serviços públicos de forma filosófica. No primeiro caso, filosofia quer dizer "concepção geral": é vago, mas "reconforta". No segundo caso, "filosofia" quer dizer moderação, bom senso. Por que invocar a filosofia para dar conselhos simples?

Esses empregos correntes da palavra — utilizados até demais — não nos ajudam em nada. Eles nos lançam em uma espécie de terreno vazio e correspondem apenas a banalidades. Se a filosofia é isso, tanto faz ficar em casa ou ir conversar com o porteiro.

É evidente que a filosofia não se reduz a isso. É preciso que questionemos o sentido de uma palavra tão rica. Palavra-valise? Abrimos a mala... Nela encontraremos alguma coisa? Não. A origem dessa palavra é duplamente significativa: é uma palavra que nos vem da Grécia antiga e cuja origem é bem ilustrativa.

Que ela seja originária da Grécia do século V a.C., não nos é indiferente. Ela pertence à mesma pátria e à mesma época que nos legaram a geometria de Euclides e o ideal democrático. A filosofia nasceu como uma ciência rigorosa e imparcial; e esse espírito liberto dos mitos posiciona-se em busca de um regime político contrário à tirania. Isso nada tem de banal e anódino. Mesmo nos dias de hoje, a tríplice aliança da filosofia, da ciência e da democracia é frágil e não se estende ao mundo inteiro. Ainda subsistem muitas ditaduras, muitas superstições e muitos fanatismos!

Quanto à origem da palavra "filosofia", ela não encerra nenhum mistério: "filosofia" quer dizer literalmente amor ao saber e ao bom senso. Temos palavras comparáveis, com o afixo *philos* — em português "filo" —, por exemplo, a inquietante zoofilia (amor pelos animais), a triste pedofilia (atração por crianças). O amor não é sua melhor face. Porém, quando a palavra se volta para *sophia* (em português "sofia"), ela perde sua conotação sórdida, volta-se para um ideal superior, procura realizar uma vida bonita e prazerosa. Como traduzir *sophia* para dar a justa idéia que os gregos antigos lhe atribuíam?

Atualmente, o bom senso tem um significado antiquado: tornou-se — erradamente — o símbolo de um equilíbrio demasiado comportado. Nosso conhecimento referente a ele permanece abstrato, compartimentado em especialidades. Perdemos o belo equilíbrio da *sophia*?

Um saber-viver superior e da mais alta qualidade era o que buscavam os sábios da Grécia e os primeiros filósofos. Será tarde demais para ingressarmos em sua escola?

5
Maiúscula ou minúscula?

Sempre nos sentimos um pouco intimidados diante de um monumento histórico, seja a basílica de São Pedro em Roma ou as pirâmides do Egito. Não acontece o mesmo ao abordarmos a filosofia em sua singularidade monumental? Embora não se possa descobri-la de imediato, em um único lugar, ela se deixa revelar nos livros. Está ligada a grandes nomes: Descartes, Kant, Nietzsche, por exemplo. Apresenta-se como um conjunto de textos imponentes e difíceis. Como abordá-los? Nunca conseguiremos visitá-los?

Uma visita a um monumento histórico é facilitada pelo acompanhamento de um guia. É cômodo, mas é também convencional. A maioria dos turistas sente-se satisfeita. Outros gostariam de ter mais liberdade; porém eles não se sentiriam um pouco perdidos sem um guia? O mesmo acontece com os grandes textos de filosofia: Parmênides, Platão, Aristóteles etc.; a primeira abordagem é dura. Não nos sentiríamos desorientados no início? Pede-se ajuda; é normal. Mas essas "visitas guiadas" se reduzirão a alguns resumos, a breves extratos que farão com que esses grandes autores percam todo o seu vigor e até mesmo o interesse?

Abordar a filosofia parece uma tarefa mais complicada do que a visita a um monumento. Nos dois casos, trata-se de "ter uma idéia". É superficial.

Como "ter uma idéia" da filosofia, com sua impressionante singularidade, ponto de referência imprescindível de nossa civilização ocidental? Eu diria: tradição. Talvez mesmo a tradição, em especial, de nossas idéias e nossos valores...

Esses nomes imponentes causam medo, quase nos paralisam, como um imenso paredão a ser escalado por quem não pratica alpinismo! Uma maneira para vencer a dificuldade seria contornar o obstáculo. Supomos tê-lo vencido. Pode-se deixar os monumentos históricos dormirem em paz, em toda a sua majestade.

Em vez de escrevermos a palavra filosofia com letra maiúscula, decidimos que ela seja considerada uma atividade como qualquer outra. Afinal, atualmente há quem estude filosofia: estudantes, professores e até amadores. Todos eles andam com livros grossos e tornam-se ratos de biblioteca? Assim que uma idéia surge, logo que um argumento é discutido, é preciso recorrer a Platão ou a Aristóteles, como no Mestre de Filosofia,* na sátira de Molière? Pode-se ser filósofo com clareza e bom senso, refletindo sem pretensão nem jargão?

---

*Personagem de *Le Bourgeois Gentilhomme*, traduzido no Brasil como *O cavalheiro burguês*, *O burguês fidalgo* ou *O burguês ridículo*. (*N. da E.*)

Responder de modo positivo é fácil no primeiro momento. Deve-se, portanto, tentar a experiência. Filosofar a partir de zero? Filosofar sem uma rede? É jogando-se na água, tentando realmente, que se calculam as possibilidades e os riscos da empreitada...

No momento, escreveremos filosofia com letra minúscula. Deixemos Platão e Aristóteles no armário. Percorreremos caminhos tortuosos com os instrumentos de que dispomos.

6

Um teste

Não sou um freqüentador habitual dos cafés em que se discute filosofia. Outro dia, estávamos em uma mesa de um café despretensioso, no Vieux-Nice, depois de termos visitado a nova biblioteca Louis Nicéra e mostrado o Museu de Arte Moderna e Arte Contemporânea (Mamac) a Bernie e Judie, nossos amigos americanos.

Acabávamos de ver o famoso quadro de Andy Warhol, reproduzindo múltiplas amostras da imagem mais estereotipada de Marilyn Monroe. Imediatamente, começamos a falar da atriz.

— Como ela é feia! — você disse.

Respondi que não concordava, que ela era maravilhosa e que, recentemente, fora consagrada a beldade do século XX.

— Isso nada prova!...

A discussão sobre o assunto ficou complicada e inflamada, Bernie afirmando que, justamente por ser ela a mais bela, seria impossível retratá-la — foi o que Warhol quis dizer com suas repetições caricatas.

Judie não a achava nem bonita nem feia:

— É o tipo da puta americana, portanto, vulgar. Por eu ser americana, considero-me no direito de dizê-lo!... A beleza, não sei o que é isso; e não é olhando os excrementos de Warhol que irei saber. Vocês parecem mais bem informados. Melhor para vocês!

Era um desafio. Quis responder mostrando a Judie que, ao menos, ela reconhecera a beleza física de Marilyn.

— É verdade, mas é tão convencional que deixa de ser realmente bela — respondeu ela.

— Além disso, a beleza não faz nenhum sentido no século XX...!, nem mesmo no século XIX — replicou Bernie.

— Ela é feia, pronto... — você repetiu.

Contestei dizendo que falar de feiúra remete a certo ideal de beleza e perguntei qual era seu critério a respeito.

Respondeu-me que não há critério, que cada um tem seu ideal.

— Mas se há tantas concepções de beleza quanto pessoas, na verdade não existe um ideal.

— Considerar que existe um ideal é formular um pensamento abstrato?...

— Não, a beleza grega aproxima-se do ideal, e ela não é abstrata.

— Mas nem todas as pessoas são sensíveis à beleza grega. A beleza devastadora é a beleza do diabo...

— Ainda a beleza, sempre a beleza — disse Judie. — Depois de ouvir vocês, não sei mais o que é isso.

— Olha! — acrescentou Bernie —, acabo de ver passar uma. Uma ruiva, é raro.

Tarde demais! A ruiva desaparecera. Não ficamos sabendo se ela, sem querer, poderia estabelecer um acordo entre nós. Começamos a rir e constatamos que havíamos avançado muito pouco em nosso consenso.

— Nenhuma conclusão, como é comum em filosofia... — disse Bernie.

— Mas nós não filosofamos... — você retrucou.

— Filosofamos um pouco sem ser deliberadamente: quem é bonito? O que é a beleza? Não consigo deixar de pensar que todas essas perguntas são filosóficas — acrescentei, prometendo lhe dar as razões em casa mais tarde. Sócrates e Hípias vão nos ajudar.

7

Sócrates e Hípias entram em cena

Estamos em Atenas. Sócrates encontra-se com Hípias, que voltava de Elis, cidade próxima de Olímpia, a quem ele escolhera como conselheiro e embaixador.

Sócrates, baixo, esperto, feio, tem um jeito de andar descuidado. Hípias, orgulhoso, considera-se um personagem importante: sofista reputado, declara-se capaz de fazer os discursos mais bonitos e de resolver os problemas mais difíceis. Atualmente, ele seria um advogado internacional ou consultor de uma multinacional.

Diante desse homem pretensioso, Sócrates simula a modéstia e o embaraço: confessa não ter sabido responder à pergunta: "O que é a beleza?"

Hípias responde que não tem nada mais fácil, porém ele entende a pergunta à sua maneira, que, de acordo com sua opinião, se reduz a: "Quem é belo?" Resposta: é uma bela jovem.

Hípias não percebe a diferença entre as duas perguntas: ele responde dando à pergunta um exemplo de beleza, sem falar sobre o belo como um todo. Sócrates apressa-se em buscar outros exemplos: uma panela não pode também ser bela? E a beleza de uma jovem pode ser comparada à de uma deusa? Se nós não nos remetermos ao que faz a beleza de uma coisa bela, nos esquivaremos de exemplo em exemplo, sem jamais encontrar um critério seguro.

Hípias achava fácil a pergunta referente à beleza; e assim, ele restringe sua concepção. Sócrates pede-lhe uma definição melhor. Hípias pensa livrar-se graças a um achado: o que faz a beleza, o ouro! Sócrates contesta: uma estátua universalmente admirada, a de Atenas, de autoria de Fídias, é de marfim, não de ouro.

Hípias, obrigado a de novo bater-se em retirada, encontra uma definição mais abstrata: o que faz a beleza é a sua utilidade. Essa resposta não foi satisfatória: uma colher de madeira é mais útil que uma colher de ouro? Hípias prefere, por não ter uma idéia melhor, voltar-se para outros valores que lhe parecem mais seguros: a riqueza, as honras, o útil e o vantajoso.

Não foi difícil para Sócrates citar exemplos contrários para mostrar que não havia um consenso universal em relação a essas qualidades. O mesmo se daria com a última definição considerada: o belo seria um prazer para o ouvido e para os olhos. O diálogo termina constatando uma derrota. Sócrates reconhecia o fato.

Multiplicando as objeções, ele teria se mostrado incapaz de compreender as coisas importantes em sua unidade viva, como lhe censurou Hípias? Pelo menos, Sócrates conseguiu que tomássemos consciência da dificuldade de passarmos da simples observação das belezas até o que caracteriza essencialmente o belo como tal.

Após 25 séculos, a pergunta é sempre formulada. Por ela ainda não ter sido resolvida, não devemos retomá-la?

Naquele dia, ao sairmos do Museu de Arte Moderna e de Arte Contemporânea, havíamos progredido?

8

Difícil ou fácil?

Platão é um filósofo difícil? Mesmo que ele tenha escrito diálogos complexos e sutis, o que vai ser evocado, *Hípias maior*, não se configura como um dos mais temidos. É tão difícil compreender que o deslumbramento diante da beleza nos transporta acima das diferenças de gosto, e que surja o problema que consiste em saber se há coerência e harmonia próprias à beleza como tal?

Quando adolescente, tentei iniciar-me no pensamento de Platão. Mas cometi o erro de ler uma introdução adotada nas escolas em vez de me reportar ao texto original. Lembro-me do meu primeiro espanto diante da "teoria das idéias". O texto que li era tão pouco convincente que não compreendi por que as idéias teriam vida própria, formando uma espécie de "céu". Nós temos muitas idéias, dizia para mim mesmo, elas vão e vêm, algumas são válidas, outras não: por que imaginar que elas se transformam em modelos, e são até divinas?

O que eu não compreendera, em primeiro lugar, é que o diálogo socrático não termina na maioria das vezes de forma conclusiva. É um exercício purificador e irônico. Melhor ainda, e de acordo com o próprio Platão, ele é só uma preparação à teoria das idéias. No *Hípias maior*, como em muitos outros diálogos socráticos, não é esse o tema abordado.

É preciso entender também que Platão não põe todas as suas idéias, não importa quais sejam, no topo do edifício do saber. As idéias a serem guardadas, em direção às quais devemos nos voltar e que devem nos inspirar, são as que possuem uma coerência própria e que por isso mesmo referem-se a si mesmas. Assim, além de todas as formas redondas e mesmo em todos os círculos que observo ou que chego a desenhar, permanece a idéia de círculo.

Mas essa idéia de círculo existe em qualquer lugar, materialmente, como essa roda que vejo diante de mim quando um automóvel pára na frente do terraço do bar em que saboreio uma cerveja. Essa idéia de círculo que eu tenho, que você tem, que nós compartilhamos, a partir do momento em que compreendemos o que é um círculo, como pensá-la? Que importância reconhecemos nela?

Eu não vejo com os meus olhos a idéia real de um círculo. Da mesma forma que não vejo com meus próprios olhos a verdade incontestável: dois e dois são quatro. Contudo, compreender essa idéia, apoderar-se dessa verdade, é realmente *ver* o que é coerente, e isso contribuirá para explicar muitas realidades.

Diz-se: "eu vi", quando se acredita ter aprendido; e essa compreensão, aliada a outras, permitirá que não se esteja completamente perdido no mundo comum, que consideramos o mundo real.

Essa "visão" advém da inteligência. Não devemos negligenciá-la, pois nos abre novas possibilidades: sem cálculo, sem matemática, sem nenhuma idéia do real, não estaríamos impotentes, desarmados, abandonados às incertezas de nossos sentidos e à arbitrariedade de nossos desejos?

Sócrates começa a maravilhar-se quando novos e amplíssimos horizontes se abrem em seu espírito no momento em que *compreende*. O mundo das idéias é para Platão uma terra ainda inexplorada que abrirá as portas de todas as coisas.

Por que é tão difícil imaginarmos a intensidade desse deslumbramento? Porque o mundo das idéias e dos conceitos tornou-se bem familiar para nós. O desenvolvimento do saber e das ciências nos transformou em seres indiferentes ao mundo intelectual. Como se pudéssemos adormecer sobre toda essa aquisição da humanidade!

Temos, antes de tudo, uma concepção utilitária das idéias (elas nos servem para compreender, direcionar, fazer planos, conceber meios tecnológicos etc.). Platão, ao contrário, tinha uma visão entusiástica, no sentido mais forte da palavra: as idéias tinham uma força divina, ele quase as adorava, sempre lhes admirando a coesão e a harmonia.

Temos dificuldade para representar esse estado de espírito? Imagine que, para Platão, as estrelas, os astros eram também seres divinos! Como posicionar-nos na lógica dessa crença sem abalar nossos hábitos mentais? Um complicado esforço de fragmentação intelectual torna-se indispensável.

Nesse caso, a filosofia é, para o nosso pensamento, um convite a viagens!

Obteríamos, voando para as Antilhas, descanso, bronzeamento, distrações? A recompensa será a compreensão.

Fala-se que uma idéia verdadeira é iluminada: cada um de nós não pode tentar senti-la usando um pouquinho sua inteligência?

Um raio de luz platônica não é ainda uma iluminação completa. Resta um longo caminho a percorrer. Sócrates nos adverte no fim de *Hípias maior*: "O belo é difícil!"

9

A galeria dos espíritos nobres: Alguns grandes sábios da Antiguidade

Chegou o momento de conhecermos melhor alguns dos grandes filósofos, que serão nossos guias no caminho do saber e do bom senso.

Hegel diz que a história da filosofia é comparada à galeria dos espíritos nobres que honraram a humanidade. Desejamos que ele não esteja errado. Admitamos que é imprescindível, em primeiro lugar, o reconhecimento e a admiração por esses grandes homens.

Prefiro não os apresentar solenemente, mas sim do modo como eu os vejo e como Pascal também os imaginava: homens amáveis e educados, que desejamos conhecer e ouvir, mais como irmãos mais velhos do que como mestres severos.

Já conhecemos Sócrates e o sofista Hípias (que não é um grande pensador). É preciso voltar no tempo, ao século VI a.C., para encontrarmos dois grandes representantes do pensamento grego: Heráclito e Parmênides. Qual é o fundador da filosofia? Durante muito tempo respondíamos a uma pergunta como essa: Platão. Agora reconhecemos a importância de pensadores que o precederam. Mesmo Sócrates não é o primeiro sábio da Grécia!

Sócrates, no entanto, foi o primeiro a misturar-se à multidão e exercer a prática do diálogo contraditório, a dialética. Antes dele, o sábio era um personagem menos acessível.

Heráclito, considerado orgulhoso, desprezando o povo, obscuro com seus pensamentos densos, teria algo de malicioso em sua personalidade. Atribui-se a ele a seguinte história: alguns viajantes vieram visitá-lo; ele convidou-os a entrar, mas, como hesitassem na soleira da porta da modesta casa onde o pensador se abrigava, disse-lhes: "Aqui também os deuses estão presentes!"

Quem é o mais intimidante? Respondo: Parmênides, aquele que Platão considera um Pai (embora fosse necessário "matá-lo" simbolicamente ou, talvez, justamente por isso). Em Eléia, no sul de Nápoles, que se localizava na Magna Grécia, Parmênides funda uma escola. Talvez eu devesse dizer que ele cria a filosofia proclamando esta proposição que pode parecer, ao mesmo tempo, uma total abstração ou uma grande evidência: "O ser é e o não-ser não é."

O *Poema* de Parmênides torna-se tão enigmático porque dele só nos restaram fragmentos, como um templo magnífico destruído pela deterioração do tempo e os excessos da História.

Devo apresentar agora Platão? Ele já compareceu ao nosso texto. Mas, segundo sua característica, ele apresenta-se utilizando o diálogo, colocando em cena principalmente Sócrates, sem se expressar em seu próprio nome. Até seus diálogos mais complexos e os mais difíceis, como *A República* (e, mais ainda, *O sofista* ou *Parmênides*), não são de fato uma explanação de sua doutrina. O "platonismo", a Academia, escola fundada por Platão, existiu até o fim da Antiguidade e expandiu-se de modo extraordinário até nossos dias. Mas o método de Platão é o diálogo. E o autor, sempre irônico, esconde-se de alguma maneira atrás de seus personagens.

Platão, quem era ele? Como representá-lo? Ombros largos, forte, ele enfrentou o tirano Dênis de Siracusa por querer reformar a Cidade, foi vendido como escravo, depois resgatado: eu o vejo como o mais aristocrata dos filósofos, homem digno, com um olhar profundo, ironicamente severo.

Aristóteles, que foi seu aluno, teve também um destino excepcional (foi preceptor do futuro Alexandre, o Grande, e tornou-se, durante séculos, o filósofo por excelência). Foi um professor magistral e sutil. A ele é atribuída esta reflexão: "Platão é meu amigo, mas a verdade é uma amiga bem maior." Eu o imagino discreto e tranqüilo, impondo-se apenas pela força de seu pensamento, fascinando seus alunos por seu espírito conciso e enciclopédico: lógico, físico, biólogo, pensador político, reformulando a ética e a filosofia primeira (que ainda não se denominava metafísica). Nada lhe era desconhecido! Causa surpresa ele ter marcado tanto a posteridade?

Mas não nos iludamos com uma pretensa continuidade da tradição: aconteceram, depois da morte de Aristóteles, muitas rupturas, muitos esquecimentos, dramas políticos e humanos (a Grécia perdeu sua independência política, o Império Romano decaiu, a biblioteca de Alexandria foi incendiada, a Europa quase foi destruída pelas grandes invasões etc.).

O advento do cristianismo como doutrina religiosa predominante, depois exclusivista, rompeu os laços que os romanos cultos mantinham com as fontes filosóficas gregas — cuja riqueza extraordinária tem sido abordada aqui de forma bem simplificada. Os Pais da Igreja tentaram restabelecer o elo em seu proveito. Mas só mais tarde, graças aos textos árabes, Aristóteles foi traduzido para o latim. Quantos desvios a História determinou! Quantos obstáculos ao conhecimento dos grandes textos da tradição grega!

10

A galeria dos ilustres pensadores: Alguns modernos importantes

Para apresentar alguns importantes filósofos modernos é preciso dar um prodigioso salto no tempo: não é preciso fazer um cálculo complicado para verificar que já se passaram vinte séculos entre o século III a.C. e o século XVII d.C. Essa constatação leva a pensar que nada foi realizado entre a morte de Aristóteles e o nascimento de Descartes?

Seria pouco convincente e pouco racional sustentar tal coisa. Importantes escolas filosóficas surgiram e se desenvolveram na Grécia e no mundo romano: o estoicismo, o epicurismo, o neoplatonismo. A longa era que os historiadores chamam — na falta de termo melhor — de Idade Média conheceu momentos de intensa vida intelectual. De Damasco a Andaluzia, de Toledo a Paris, de Oxford a Louvain, a filosofia antiga foi não só traduzida como também comentada; demonstrou-se uma extraordinária sagacidade teológica nas três tradições monoteístas (hebraica, muçulmana e cristã); os árabes inventaram e divulgaram a álgebra; o Ocidente cristão pouco a pouco retornou à inspiração do mundo antigo, ampliando o conhecimento experimental da natureza.

Por que muitos manuais de filosofia, entretanto, passam quase diretamente da Antiguidade aos tempos modernos? Não iremos reproduzir o mesmo tipo de sobrevôo — demasiado rápido — sobre uma História rica e complexa?

A resposta deve ser clara e franca. É justamente a complexidade dessa história que a torna pouco acessível aos iniciantes. Além disso, muitos estudantes não possuíam formação religiosa que lhes permitisse ter o mínimo de simpatia para com os pensadores, sobretudo os teólogos. Por exemplo, Santo Agostinho e Santo Tomás de Aquino são pensadores admiráveis, mas em razão de serem profundamente arraigados à sua religiosidade, tão absorvidos pelo conhecimento das Escrituras e pelos debates no âmago da Igreja, o acesso direto a seus textos é quase impossível.

É completamente diferente o que acontece com o moderno por excelência: Descartes! Por que ele é tão peculiarmente moderno? Porque quer começar do zero. Recebeu dos jesuítas uma educação tradicional perfeita, como relata no seu famoso *Discurso do método* (escrito em francês, o que era revolucionário na época). Mas a maioria das matérias ensinadas (incluindo a filosofia!) pareceu-lhe insuficiente.

O que se apresenta como crível não o satisfazia; ele queria conhecer clara e visivelmente a verdade. Só os matemáticos, por causa "da certeza e da evidência de seus raciocínios", podem cumprir essa exigência.

Duas possibilidades logo se apresentam a Descartes: dedicar-se à matemática e abandonar o restante, ou se inspirar no modelo matemático e aperfeiçoar um método que permita "conduzir bem seu raciocínio" nas ciências, bem como nas circunstâncias comuns da vida.

Se Descartes não tivesse escolhido esse segundo caminho, ele não teria deixado de ser conhecido, ainda assim, como o inventor da geometria analítica, mas não como fundador da filosofia moderna. Ele ficaria, sem dúvida, surpreso ao saber que a principal razão de sua glória refere-se à sua obra filosófica, relegando-se a um segundo plano seus trabalhos científicos, aos quais ele dava a maior importância.

Um século mais tarde, dirigimo-nos ao Leste Europeu, a Königsberg (atualmente Kaliningrado), para saudar um outro gigante moderno: Kant.

Era também um sábio, matemático, físico, geógrafo, que se tornou um filósofo original já em idade relativamente avançada (publicou sua principal obra, *Crítica da razão pura*, com mais de sessenta anos). Não tinha o temperamento viril e militar de Descartes. Baixo, pobre, celibatário, metódico e até mesmo maníaco (sua caminhada diária é célebre), era antes de tudo um excelente professor.

De onde vem então sua extraordinária glória? Pelo fato de que sua obra crítica é conduzida com uma lógica, um rigor e uma precisão inigualáveis. Aplicando o mesmo método crítico à prática, ele refaz, baseando-se em princípios racionais, a moral. E conclui, da forma mais perfeita possível, esse impressionante edifício estudando o julgamento estético e o sentido da harmonia nos fenômenos vitais. Depois de Kant, não se filosofa mais como antes.

Cada grande filósofo subverte a paisagem intelectual e obriga os seus contemporâneos a formularem os problemas de uma maneira nova. É também o caso de Hegel, outro grande professor alemão que tinha trinta anos em 1800: é um homem do século XVIII por sua formação, pensador avançado por suas audácias (sua dialética inspirou enormemente o pensamento socialista e revolucionário).

Quando jovem, era já apelidado "o Velho". Não é muito atraente, você me diria. Qual é sua originalidade? É não pôr em primeiro plano seus gostos pessoais, mas reunir o que ele chamava "a verdade do Todo". O pensamento, trabalhando com uma paciência infinita, deve aprender a reconciliar-se com as realidades nas suas mais extremadas contradições. Quais realidades? Tanto as condições lógicas e as estruturas físicas, como a integralidade psicológica, moral e política. Esse vasto empreendimento sistemático é excessivo? Ele ainda fascina e inspira, mesmo se esse pensamento contraditório não cesse de ser criticado!

Gostaria de lhe apresentar também Nietzsche, mas percebo que esta minilição ultrapassa os limites! E como saudar Nietzsche às pressas? Prometo que não vou esquecê-lo e lhe dedicarei uma lição inteira.

Uma última palavra. Pascal observa que nós, modernos, somos anões sobre os ombros dos gigantes (os antigos). Essa imagem justifica de forma geral nosso estudo acerca dos grandes filósofos. Sem eles, teríamos de reinventar tudo. Com eles, começamos em um patamar bem mais elevado.

Então é preciso saber lê-los com conhecimento de causa, e não nos deixarmos massacrar pela grandeza da tradição.

11
História ou análise?

Diante desses pensadores famosos, o perigo não está em que nos limitemos a saudá-los, admirá-los, a repetir algumas de suas grandiosas frases ou suas belas fórmulas, sem pensar por si mesmo e talvez até sem compreender perfeitamente o que significam?

A pergunta merece ser formulada e é atualmente debatida pelos filósofos profissionais. Alguns, de tradição dita "convencional" (em especial a alemã e a francesa), acham que não se constrói uma boa e sólida filosofia sem referência à história do pensamento ocidental; Hegel, ainda ele, sustenta que a filosofia e a história da filosofia, bem compreendidas, são uma só e única atividade.

Outros filósofos, ligados à tradição anglo-saxônica, consideram que o essencial na filosofia é a análise dos conceitos e a troca de argumentos.

À primeira vista, nenhum dos dois lados tem razão. Toma-se a liberdade para perguntar se os adeptos da história da filosofia podem dispensar o diálogo e se o outro lado, os pensadores, sobretudo os lógicos e analíticos, não têm interesse em lançar uma visão retrospectiva sobre as circunstâncias que envolvem as questões por eles examinadas.

O bom senso advoga em favor da conciliação entre os dois "lados". E é nesse sentido que iremos trabalhar.

Encontram-se com freqüência cientistas famosos em suas especialidades aventurando-se sem cautela no domínio da filosofia. Eles julgam que podem ignorar a história dos problemas filosóficos. O resultado às vezes é catastrófico. Por quê? Porque a reflexão filosófica exige uma terminologia rigorosa: um termo essencial deve ter um sentido mais exato do que o empregado pelas línguas ditas "naturais" (o francês, o inglês, o alemão etc.), que são ricas e muitas vezes ambíguas. Tomemos a palavra "sentido": ela pode designar uma simples direção (como um poste com um letreiro indicando o caminho a ser seguido), um significado (em um contexto) e também o sentido de forma representativa (o valor).

Um episódio ilustra a necessidade desse esclarecimento: um dia, em uma universidade norte-americana, um professor anuncia o início de um curso sobre "O sentido da vida". Os estudantes, em grande número, dirigiram-se imediatamente para o local onde seria ministrado o curso, visto que recentemente ocorrera um suicídio no *campus* da universidade e eles pensaram que o professor iria por fim abordar a questão suprema: a vida tem sentido? Logo no início do curso, o anfiteatro esvaziou-se e os estudantes se decepcionaram: o professor informara que seu curso tinha como objetivo discutir o sentido gramatical e lógico da *expressão* "o sentido da vida".

Nos deparamos, por intermédio desse professor, com a filosofia analítica, ou seja, uma filosofia tão preocupada com a clareza que multiplica sem parar o esclarecimento de seu vocabulário e o aprimoramento de seus argumentos. Cheguei à conclusão de que um discurso ingênuo, que julga poder abordar grandes questões sem uma explicação prévia, é uma catástrofe, um discurso vazio e insignificante.

Essa explicação seria apenas analítica e controvertida? Ela corre o risco de transformar os meios em fins (raciocinar sem saber com que finalidade!) — e esquecer as lições da história do pensamento.

Em contrapartida, a filosofia deve permanecer unicamente histórica? Nesse caso, o risco será o dogmatismo e a repetição: "O mestre disse, Descartes disse..." etc. Onde ficaria o espírito crítico? Qual seria o real trabalho da razão?

Nada de uma boa história sem análise, de análise filosófica que dispense o diálogo (e a confrontação) com os grandes pensadores.

12

Por quê?

As crianças fazem sempre perguntas incômodas. Em geral perguntam "por quê?" a cada instante e a propósito de tudo.

Os pais, tomados de surpresa, sentem-se obrigados a responder de qualquer maneira:

— Por que as borboletas têm asas? — pergunta a criança.

— Para voar — responde a mãe, irritada.

— Por que o céu é azul?

— Porque é a cor do oxigênio que constitui a atmosfera terrestre — responde o pai, orgulhoso de seu saber científico.

Ficamos satisfeitos quando a criança se contenta com a resposta. Mas se a criança passa de uma pergunta a outra (por que os animais precisam voar?, por que o oxigênio é azul?), somos tentados a responder: "Porque sim", para fazê-la calar-se. É uma resposta que equivale a dizer: não faça outra pergunta. O pedido de causa e justificativa é recusado de imediato:

— É assim porque é assim.

A criança fica surpresa. Ela não se contenta apenas em constatar que as borboletas voam e que o céu é azul. Assim, ela já não é um filósofo, à sua maneira? Platão já não havia observado que a condição fundamental que caracteriza a filosofia é a surpresa? Na verdade, se não nos surpreendemos com nada, não fazemos perguntas, achamos tudo "normal", limitamo-nos a registrar; é menos cansativo que tentar compreender.

No entanto, surpreender-se por se surpreender, surpreender-se com tudo, não importa com o quê, não é uma atitude adulta, lúcida e responsável. Não seria esse o melhor meio para se passar por um tolo ou um perplexo? Não será necessário aprender a fazer "boas perguntas", perguntas pertinentes?

As perguntas impertinentes são perguntas desrespeitosas, marginais ou absurdas. Parece fácil opor-se a elas com perguntas sensatas e racionais. Mas qual seria o critério? Além do mais, qual seria a diferença entre uma pergunta sensata, uma científica e outra filosófica?

— Por que você gosta de tomar Sol?

— Porque quero me bronzear. — Trata-se, então, de uma experiência a mais banal possível.

— Por que todos os corpos caem?

— Por causa da lei da gravidade: proporcionalmente a seu peso e na razão inversa do quadrado de sua distância. — Chega-se, com a lei da gravitação universal, ao nível da física moderna.

— Por que o mundo existe?

(Sem resposta: é uma pergunta extremamente filosófica! Ela parece insolúvel...)

O filósofo é o único a não poder responder a perguntas que são exclusivamente filosóficas? Se elas não podem ser respondidas, seria preferível não as fazer?

Certamente a pergunta "por quê?" é embaraçosa. "O que é?..." parece bem sensata ao seu lado: ela se contenta em procurar saber do que se constitui essencialmente uma coisa (sua essência). A pergunta "por quê?" é mais ambiciosa, porém ambígua: ela interroga, ao mesmo tempo, sobre a causa e o efeito.

A lei da gravitação universal permite a compreensão de uma das funções mais importantes da grande estrutura da natureza. Por seu valor descritivo e explicativo admirável, ela responde perfeitamente à pergunta "como", isto é, a busca da razão no domínio bem determinado do movimento dos corpos físicos em sua relação uns com os outros. No entanto, ela deixa de lado a pergunta "por quê?" no seu segundo sentido: "Qual a intenção dessa lei, onde ela é aplicada? Com que finalidade os corpos obedecem a uma lei como essa?" Deixei de propósito sem resposta uma pergunta igual a essa, que ultrapassa a esfera da experiência. Eu estava certo ou errado? Se me comporto como cientista, eu estava certo: a ciência não pode e não deve responder a perguntas relacionadas a um eventual projeto de Deus ou da natureza.

Contudo, eu não estava errado deixando de dar uma resposta, sendo filósofo? De fato, comportei-me como um filósofo crítico (kantiano) e até positivista: as últimas perguntas relacionadas à essência do universo, à existência de Deus, à possível sobrevida das almas são perguntas insolúveis para nós, seres humanos, dentro dos limites de nosso conhecimento finito. O filósofo não deve ultrapassar seus limites.

Essa atitude não foi sempre (e atualmente não é freqüente) a dos filósofos. Ao contrário, aqueles que são chamados metafísicos pretenderam dar a essas perguntas respostas definitivas e seguras. Assim o fizeram, às vezes atingindo um alto grau de engenhosidade. É o caso de Leibniz: à pergunta "Por que os seres existem, em vez do nada?" (outra formulação da pergunta: "Por que o mundo existe?"), ele responde: "Em razão do princípio do melhor dos mundos possíveis."

É um princípio tão arbitrário e ridículo que nos sentimos tentados a refletir sobre ele ao ler o *Cândido* de Voltaire? O pobre Cândido vive as situações mais tormentosas, e seu mestre Pangloss, que é discípulo de Leibniz, não cansa de justificar todos esses tormentos em nome da famosa lei leibniziana. O efeito cômico é bem-sucedido. No entanto, nós somos mais leibnizianos do que pensamos ser toda vez que buscamos um sentido em uma série de acontecimentos e achamos que a lógica dessa forma de agir supõe acreditar que devemos suportar sofrimentos para que objetivos melhores sejam alcançados. Mas Leibniz vai ainda mais longe, porque ele acha que Deus criou o mundo seguindo "a lógica do melhor", que se transforma em uma espécie de chave universal. E é assim que ele responde incontestavelmente à pergunta "por quê?", aplicada ao que ele chama de origem radical das coisas.

Essa pergunta, admitida desse modo, pode nos levar para além de nossas determinações e de nossos limites, eu não nego. Certamente, porque ela responde a uma inquietação inerente do ser humano e que reaparece (com freqüência sob formas bem menos respeitáveis que a filosofia leibniziana: a fascinação pelo paranormal ou por uma religiosidade carismática).

A metafísica é a parte da filosofia que considera as questões extremas, as que concernem ao sentido da vida, a existência de Deus, a imortalidade da alma, a uniformidade do mundo. Para alguns, ela é o coroamento da filosofia; para outros, é a mais perigosa e ilusória tentação. Pelo menos, é preciso ter consciência desse problema!

13

O que é o homem?

Insistir em formular a pergunta "por quê?", sobretudo no que diz respeito ao homem, não seria se condenar a se chocar indefinidamente contra um muro? É uma questão insolúvel. Melhor, é uma questão a que só a religião ou a metafísica podem tentar responder.

Nós seremos, nesse caso, mais modestos, limitando-nos a formular a pergunta: "O que é isso?" a nosso respeito. Não encontraremos mais dificuldades ainda ao nos voltarmos a nós mesmos?

Quem somos? Como espécie, nós nos distinguimos dos outros animais: não importa a cor da pele, altura e outros detalhes de nossa "característica", temos traços físicos comuns a todos os nossos semelhantes. A posição vertical marca a nossa singularidade em relação aos macacos. E até nossa superioridade. O recém-nascido nasce nu e frágil: ele precisa de muito mais tempo que os outros recém-nascidos animais para se tornar adulto.

Mas nós nos diferenciamos dos outros animais apenas pelas características físicas? Em princípio, somos também animais? É a nossa linguagem articulada que nos "humaniza". Embora outros mamíferos superiores, alguns pássaros, os golfinhos tenham formas de linguagem, só o homem inventa e desenvolve símbolos articulados que lhe oferecem a possibilidade de uma comunicação aberta e indefinidamente aperfeiçoável.

Encontramos a definição clássica do homem como "animal que fala" e ela se justifica. Entretanto, não é a única possível. O homem não é também um animal político, um animal que ri, um animal técnico e artista, e até um animal louco? Porque o riso é próprio do homem; e também a preocupação explícita com os negócios públicos, a capacidade de transformar o meio ambiente utilizando ferramentas e máquinas, a criação de obras belas e imparciais, enfim, até o contra-senso que só surpreende realmente o animal apto a usar o raciocínio e a se tornar racional.

As questões específicas da condição humana não se esgotam com a enumeração de certo número de qualidades (ou de defeitos). Antes do aparecimento de uma ciência especializada que estuda o *anthropos* (homem, em grego), seus diferentes costumes, suas línguas, suas estruturas sociais e familiares, predominava a idéia de que havia "uma natureza humana", isto é, caracteres antropológicos imutáveis, de um ponto a outro do mundo, não importando o grau de desenvolvimento cultural. Se o homem foi criado por Deus, todos os descendentes de Adão são denominados humanos, mesmo com destinos marcadamente diferentes, em se tratando de cultura, riqueza e desenvolvimento?

As descobertas de sítios e ossaturas provando que o tipo humano é muito mais antigo do que acreditava a tradição multiplicam-se. Assim, nossa "idade" aumentou de modo considerável: talvez seis ou sete milhões de anos.

Essa conscientização, aliada a inúmeras pesquisas pré-históricas a respeito de nossa espécie, revela quando o homem se tornou humano aperfeiçoando suas ferramentas: pedras lascadas, metais como o bronze, ferro, até sua instalação em territórios estáveis (o sedentarismo), a invenção da escrita e da agricultura, depois a autoridade política do Estado, para (após séculos) reunir a História — que nós conhecemos muito melhor, com suas proezas e suas crises, do que esses tempos imemoriais que chamamos pré-história.

Todas essas informações nos levam a pensar que o homem atual é produto de uma evolução biológica, depois cultural, técnica e simbólica, que prossegue. Não constatamos incríveis mutações? Não nos tornamos seres cada vez mais comunicativos e que, amanhã, graças a próteses e a novas proezas biotecnológicas veremos nossa saúde, nossos desempenhos e até o prolongamento da vida incrivelmente aperfeiçoados? Esses progressos técnicos nos conduzirão a uma super-humanidade?

Esse entusiasmo é tentador. No entanto, quando retornamos à realidade e nos conscientizamos, com base em testemunhos e documentos, sobre a vida de populações — cada vez mais raras — cuja maneira de viver está ainda próximo da Idade da Pedra, surpreendemo-nos com a inteligência e a maturidade desses homens primitivos.

Há alguns anos, a cadeia televisiva francesa Arte divulgou uma reportagem realizada na Nova Guiné, em uma região isolada, onde algumas tribos nunca viram homens brancos nem suas técnicas. Quando assistimos aos encontros entre esses homens ditos primitivos e os civilizados orgulhosos de suas câmeras, seus gravadores, sem falar de suas armas, indagamos: quais são os mais inteligentes? Quais são os mais orgulhosos, mais maliciosos, mais cautelosos e ponderados? Quem é mais ingênuo, mais violento, mais grosseiro? Você percebe que a resposta não segue evidentemente o curso de nossa concepção de "progresso".

Nem a antropologia nem as ciências que permitem um conhecimento mais apurado do meio ambiente, a pré-história e a história dos tipos humanos não conseguem responder à pergunta: "O que é o homem?" Elas permitem, pelo menos, precisar como o homem viveu, desenvolveu-se, diversificou-se etc. Isso não é nada.

E a filosofia? — você pergunta. Ela tem a resposta? Não; mas ela pode, ao menos, sintetizar todos esses dados, elaborar nossas indagações. E já ia esquecendo: concluímos que ela encontrou a chave do humanismo do ser humano: a liberdade.

14
O que significa agir livremente?

A liberdade é uma palavra importante. Suas concretizações são cotidianas. Mas em que escala? A reação espontânea de muitos jovens é entender por liberdade a ausência de restrições. Ser livre é fazer tudo o que se quer, quando se quer, como se quer: sem controle dos pais, dos professores, de irmãos mais velhos etc. E, sobretudo, não ser obrigado a trabalhar!

Inteiramente compreensível, essa atitude está à altura do jogo a ganhar ou a perder: a própria liberdade? Ser livre é apenas contestar o que é imposto? A liberdade não deveria ter um conteúdo positivo, face a si mesmo e aos outros?

Acreditar-se livre não é forçosamente ser livre. Sou livre em relação aos meus instintos, aos meus desejos elementares? Não sou influenciado pelo grupo do qual faço parte, pelas imagens, os slogans difundidos pela televisão etc.? Spinoza mostra que a condição humana está relacionada com e é dependente das condições naturais e, de forma relativa, de nossas paixões. Mas ele pensa que a compreensão de todas essas exigências é uma escola de liberação. A aceitação lúcida desse determinismo é a mais elevada forma de liberdade.

Posso escolher entre compreender ou não o que me acontece. A noção de escolha é essencial. Ela significa que, por um lado, eu disponho de um poder de decisão, por outro, que a mim não se apresenta uma única e exclusiva possibilidade. Quando "eu não tenho escolha", não tenho razão ao considerar que nenhuma verdadeira alternativa me foi proposta?

Ainda é provável que as possibilidades do momento não sejam equivalentes ou indiferentes. Entre a peste e a cólera, devo tirar a sorte? Desde a Idade Média, cita-se um exemplo clássico: o asno de Buridan morre entre a aveia e o feno porque, desejando ambos com igual intensidade, não sabe qual escolher. Existem, de fato, casos em que as apostas parecem equivalentes tanto de um lado como de outro; jogar com a sorte é a única maneira de se livrar de uma situação embaraçosa. O resultado do "tirar a sorte" depende do acaso, mas a decisão de recorrer a isso foi um ato de liberdade.

Começamos, portanto, a discernir melhor em que consiste a liberdade de um ato? Primeiro, é preciso que ele seja desejado, decidido. Um ato reflexo não é livre: o fogo está me queimando; retiro a mão. Em compensação, se mantenho a mão no fogo para mostrar minha coragem, por exemplo, por causa de uma aposta louca, esse ato, ainda assim, é um ato de liberdade.

Vejamos outra condição para que um ato seja livre: a motivação. Como decidir em uma encruzilhada que estrada seguir, se não sei ler a língua do país onde me encontro ou ainda (o que acontece nos Estados Unidos) se as estradas só são indicadas por números e eu não disponho de um mapa para verificar a que destino eles correspondem? Agir livremente não é agir com conhecimento de causa? Se tenho de votar, por exemplo, não devo me informar sobre os candidatos e seus programas?

É possível que o jovem pense que é livre porque recusa, de início, qualquer disciplina, compreende que certas regras, aquelas que ele poderá impor a si próprio, poderão permitir que ele se afirme, se instrua, descubra novas possibilidades na vida? Por que não? O ato mais livre é o ato mais lúcido, o ato escolhido em função de seu próprio interesse. Por que não considerar que a decisão de pensar livremente e de modo imparcial, como o ato de filosofar, é uma das ações mais livres que existem? É um ato por meio do qual eu me torno autônomo, ou seja, capaz de impor a mim mesmo uma lei.

Se todo ato não é livre na mesma proporção, essa liberdade depende do grau de consciência que a ilumina? Todo ser humano não é essencialmente livre, como homem? Se assim é, não se pode confundir a capacidade de ser livre com o poder de transformá-la em um ato. Deparamo-nos com o problema das concretizações (ou das determinações) da liberdade.

15

Liberdade moral, liberdade política

Quando estabeleço para mim uma regra de conduta, mesmo elementar (por exemplo, não perder meu tempo na rua conversando com um tolo qualquer), exerço minha liberdade. É o bastante?

As regras práticas de conduta não são máximas, nos diz Kant: elas são relativas; é preciso alçar-se à lei moral.

Para Kant, só serei realmente autônomo ao me conscientizar de que o fundamento de minha ação depende de minha vontade. Meus atos têm valor (aos meus olhos) quando os assumo à luz de minha própria consciência.

Quando digo que sou responsável, isso significa que posso responder pelos meus atos, justificá-los. A liberdade que assumo está sempre relacionada ao outro. A liberdade moral é uma liberdade com o outro e para o outro.

Mas em que sentido essa liberdade é moral? A palavra moral tem má fama, sobretudo entre os jovens: "dar lição de moral" é dar conselhos tediosos, repressores. Nesse sentido, tem a ver com coerção!

De fato, quando se fala de liberdade moral, não nos limitamos ao problema das regras de boa conduta. O epíteto "moral" considera que, na realidade, a liberdade define pessoas relacionadas entre si, com seus hábitos, costumes (os hábitos, *mores*, em latim). Assim, a liberdade moral significa, em geral, que nós vivemos em uma sociedade composta de indivíduos livres e que por isso podem aceitar ou recusar certas normas de comportamento e de regras. A liberdade moral é a moldura de uma sociedade capaz ou não de moralidade (no sentido estrito da palavra).

Como passar da liberdade moral à liberdade política? Na realidade, os fatos não acontecem desse modo. Primeiro, existem pessoas responsáveis e, em seguida, há a sociedade. Certamente, em uma sociedade desenvolvida como a nossa, pode-se decidir e organizar uma ou várias associações esportivas, artísticas etc. Mas o que se chama de "corpo político" não nasce dessa forma, de maneira artificial. No início, existiram cidades-Estados, reinados, Estados, antes de os indivíduos reivindicarem sua liberdade.

Sem ir muito longe, consideremos a Antiguidade. No Egito, durante séculos, o faraó apoiava-se em uma casta de religiosos para manter uma ordem hierarquizada. Ninguém era livre em uma sociedade como essa. Mesmo a Grécia, teria ela conhecido a liberdade política, no sentido moderno? Com certeza, não em Esparta. E até em Atenas, berço da democracia, que só surgiu no século V a.C., esse regime político era sempre ameaçado e questionado. Grandes pensadores políticos, como Platão e Aristóteles, não eram democratas: eles eram favoráveis a um regime aristocrático autoritário e moderado. Em Roma, mesmo sob a República, só o cidadão era considerado livre; mas ele tinha deveres em relação à sua cidade e o exercício de sua liberdade dependia rigorosamente de seus deveres, de seus encargos e do lugar que ocupava em sua comunidade.

Sob a ótica política, constatamos que a liberdade é uma conquista tardia (foi preciso esperar o século XVIII para que ela se tornasse um postulado com a revolução norte-americana, depois com a Revolução Francesa) e só então foi cuidadosamente definida e instituída. A liberdade de cada um termina quando a liberdade do outro não é atingida. E as "liberdades" são garantias dadas a cada indivíduo ou cidadão em um Estado civilizado, desde que cada um respeite as regras comuns a todos. Por exemplo, a Revolução Francesa aboliu a ordem de prisão por meio da qual o rei podia enviar para a prisão, quando lhe aprouvesse, qualquer um, sem apresentar nenhum motivo. A nova liberdade reconhecida, a "segurança", significa que não posso ser preso sem um procedimento judicial regular. Lamentavelmente, a própria Revolução Francesa deu um mau exemplo...

A liberdade política só existe em um país estável, onde as leis asseguram a cada um de seus membros direitos e deveres bem definidos. Liberdade política e liberdade moral devem caminhar juntas em um regime constitucional ou em uma democracia, como acontece nos países europeus atuais, nos Estados Unidos e, felizmente, em alguns países mundo afora.

Mas constata-se que, mesmo depois da queda da União Soviética e de seus satélites, o equilíbrio entre liberdade política e liberdade moral é quase sempre rompido ou não é mesmo concebido (nos regimes ditatoriais ou tirânicos).

A liberdade moral pode ser formal (aliás, é a crítica feita a Kant: ter definido os princípios da moral de forma exclusivamente abstrata). A liberdade política pode ser apenas uma palavra ou um slogan. Nos dois casos, a filosofia desempenha as funções de incentivador ou de provocador.

O filósofo é o homem de uma liberdade responsável. Ele tem um papel a desempenhar quando a liberdade e as liberdades estão ameaçadas. Mas ele não é o único responsável para que elas sejam respeitadas. O amor à liberdade é um bem compartilhado, sem exclusão de deveres.

16

Deus, uma questão fora do programa de ensino!

Ao mencionar Deus, acabo de transgredir uma "interdição". Esse conceito não faz parte do novo currículo das diversas classes do último ano do ensino médio. Considera-se, sem dúvida, inútil e ultrapassado falar aos alunos a tal respeito.

Não concordo com essa opinião. Acredito que, pelo menos, é preciso assinalar que essa pergunta pode ser formulada, e o porquê, explicitado.

Cada um de nós tem dentro de si a idéia de Deus, isto é, de um ser todo-poderoso, onisciente, criador do céu e da Terra? Ou, ao contrário, essa idéia foi forjada, progressivamente, por uma imaginação humana medrosa e fraca em busca de um poder superior como fonte de vida e origem de todas as coisas?

À pergunta de Napoleão: "O que você faria com Deus na sua concepção de mundo?", Laplace, o célebre matemático e físico, respondeu: "Senhor, não preciso dessa hipótese." Deve-se considerar que Laplace estaria definitivamente com razão e que a idéia de Deus é inútil e anacrônica?

Não procurarei conciliar de modo artificial os espíritos positivos (ou positivistas) para os quais a idéia de Deus é ultrapassada e, também, os espíritos religiosos que sempre procuram Nele uma ajuda (ou consolação). Acredita-se ou não se acredita, você me dirá. Pode-se argumentar filosoficamente a favor ou contra Deus? Claro que não, em se tratando da fé (porque gosto não se discute), mas sim questionar a existência ou não de Deus.

Essa troca de argumentos acontece há séculos. Se acreditarmos que o mundo tem um sentido, não é natural atribuir-lhe uma causa? E afirmar que sua estrutura resulta de um plano, mesmo se esse plano seja extremamente complexo? Longe de ser ideológico ou absurdo, recorrer ao Deus criador pode satisfazer uma mente preocupada com a harmonia universal.

Se é assim, por que os racionalistas — e em particular, os cientistas — não se aliam? Eu esperava por essa objeção, que me obriga a sublinhar um ponto capital: a preocupação com a harmonia universal é apenas uma forma de busca (talvez excessiva) de coerência. As ciências objetivas reagem de maneira diferente: renunciando à descoberta de um único Sentido, elas isolam determinados setores do real, descrevem seu funcionamento e o analisam emitindo regras e leis.

As ciências objetivas não devem responder à questão do Sentido como tal: elas perderiam sua especificidade e seu rigor. Elas não podem também contrapor de maneira direta a outra forma de racionalidade, a que busca o Sentido (ou a chave) da harmonia universal.

— Entretanto, você não fez alusão aos positivistas, filósofos que julgam a idéia de Deus ultrapassada?

— Com certeza, a tese de um Sentido unificado é combatida pela antítese da falta desse Sentido. O ateísmo tem argumentos racionais a apresentar, que não são menos sólidos do que os da tese contrária. Porém, essa antítese é também filosófica — e não diretamente científica. Foi o que Kant demonstrou no fim da sua *Crítica da razão pura*: concernente à existência de um Deus único e criador, existem argumentos tanto de um lado como de outro. A razão, ao querer provar (ou refutar) o Sentido do mundo, imobiliza-se em antinomias que ela não pode ultrapassar com suas próprias forças.

Quando se está em um impasse, o que fazer? Retroceder, mudar de método. É o que Kant propõe. Antes de escutá-lo a esse respeito, sublinhemos que o conceito de Deus desempenha um papel filosófico fundamental: o de uma possível chave da abóbada do edifício do real.

17

E a religião?

"Superei o saber para substituí-lo pela crença." Evocando assim sua passagem do teórico ao prático, Kant assinala que é preciso abandonar o conhecimento científico para se converter à religião?

Em primeiro lugar, ele quer dizer que não se devem abordar os problemas práticos da mesma maneira que os problemas teóricos. Ele quer indicar também que, na prática, não se trata de desejar e querer nem apenas conhecer. Admitindo-se que uma prática racional é possível e desejada, ela não precisa de um princípio? Esse princípio é novamente Deus, mas um Deus que não pode ser provado nem representado, um Deus moral, um Deus em quem se vai acreditar depois de uma convicção racional e como uma espécie suprema de garantia de nossa ação.

A religião que Kant prega é uma religião "dentro dos limites da simples razão". É uma religião que nada tem a ver com práticas supersticiosas ou com filiação a uma igreja; é uma religião tão purificada que se confunde com um profundo respeito por essa "lei moral" que Kant acredita estar inscrita no fundo de nosso coração: "O céu estrelado acima de nós e a lei moral em nós." Essa é a célebre conclusão da *Crítica da razão pura*. Da harmonia sensível, é preciso elevar-se à harmonia invisível e mais profunda: é uma velha lição que a filosofia mantém e renova desde Platão.

O caráter racional dessa religião moral explica por que os discípulos de Kant têm podido se reencontrar com freqüência (em particular, na segunda metade do século XIX) ao lado dos positivistas, herdeiros de Augusto Comte. Essa proximidade pode parecer surpreendente, já que a escola positivista afirma que a era teológica acabou: não seria preciso eliminar até o Deus moral, para ser plenamente "positivista"? De fato, o positivismo é bem consciente de um problema fundamental: mesmo sendo a religião falsa, mesmo se ela se apóie em mitos (ou seja, em relatos fantásticos), ela desempenhou e pode continuar a exercer um papel social insubstituível, permitindo aos homens viverem juntos e em bom entendimento. Como encontrar um meio para preservar essa função de alicerce social? Apesar de seus defeitos e de seus perigos (seu eventual fanatismo), toda religião *une*, ao passo que a consciência teórica — embora verdadeira — não oferece nenhum suporte às necessidades e aos desejos práticos. Na segunda metade de sua vida, Augusto Comte pensou que poderia resolver esse problema criando uma religião positivista, com seus templos, seus rituais etc. Não obteve nenhum sucesso. Mas equacionou um problema que nossas sociedades avançadas, transformadas pelas ciências e pela tecnologia, tentam resolver:

como encontrar (ou reencontrar) uma coesão social que permita à sociedade manter e assegurar aos seus membros uma vida harmoniosa?

Sem dúvida, me dirão que as religiões têm sido muito intolerantes. Cada uma delas acredita ser a detentora da verdade. Até Jesus, que pregava o amor, disse a Pôncio Pilatos: "Eu sou a Verdade." Pôncio Pilatos, que professava uma filosofia cética, respondeu-lhe: "O que é a verdade?" Sem exaltações, um livre-pensador assinalará que esse ceticismo é bem menos perigoso que a atitude de quem se proclama dono da Verdade. A história tem provado: guerras de religião, perseguições, Inquisição e, atualmente, o fundamentalismo desmedido testemunham a intolerância que espreita todo espírito religioso.

A favor ou contra a religião? A filosofia não toma partido; ela deve contribuir para a compreensão de um fenômeno essencial na história da humanidade. Pode ajudar a respeitar o que é respeitável na conduta religiosa e nos seus ritos: adorar, celebrar, rezar, amar. Quantos sacrifícios e atos de devoção foram realizados graças à fé! E quantos seres humanos encontram consolo na prática religiosa, sobretudo na hora da morte!

O conflito entre filosofia e religião é irrefutável? Sim, acreditando-se na justa advertência do romano Lucrécio que alertava seus contemporâneos, no século I a.C.: "Quantos males a religião pode causar!"; não, ao se observar a mensagem do papa João Paulo II, que, em sua encíclica *Fé e razão*, disse que a filosofia é "como o espelho que reflete a cultura dos povos" e é "em geral o único campo de entendimento e diálogo entre aqueles que não professam a mesma fé".

Como não se alegrar com o reconhecimento do papel da filosofia? Como não encorajar o diálogo, já que a filosofia o tem praticado desde a sua origem?

18
E a felicidade nisso tudo?

A filosofia é um assunto sério, seriíssimo, você dirá. Religião, dever, lei moral, tudo bem. Mas uma vida equilibrada não comporta também repouso e distração? Toda atividade séria não deve ser compensada por momentos de prazer? E que sabedoria de viver pode-se propor se ela excluir a felicidade?

Eu poderia me contentar respondendo que você precisa de distrações; admito que seria justo, já que nossas primeiras lições não primaram pela ausência de austeridade.

Prefiro levar a sério, porém, a questão da felicidade! É um tema já proposto pela filosofia grega, uma questão sempre atual e que poderia ser formulada em termos simples como este: uma vida justa e agradável, uma vida filosófica, não deveria ser considerada ideal de uma certa felicidade? Não é legítimo?

À primeira vista, a dificuldade que surge concerne à definição desse ideal prático. Ao interrogar na rua as pessoas sobre o que elas pensam da idéia de felicidade, sua pesquisa lhe dará, com certeza, resultados variados, convergindo provavelmente para um ponto: responderão mais sobre a "chave" da felicidade do que sobre o fundamento desse sonhado estado. Aposto que a saúde, o dinheiro, as satisfações sensuais ou sentimentais, o sucesso na escola ou no esporte serão citados como base para a felicidade. Admitamos, de fato, que todos esses fatores contribuem consideravelmente. São eles a própria felicidade? Em que ela consiste?

Inúmeros exemplos poderiam ser citados: jovens bonitos, inteligentes, ricos, bem-sucedidos que conheceram a depressão. O que lhes faltava? Em sentido inverso, Diógenes vivia nu em um tonel e se dizia feliz. É conhecida sua declaração quando Alexandre veio vê-lo e consultá-lo: "Desejo apenas que se afaste do meu Sol."

Qual dos dois é mais feliz? O mendigo Diógenes, satisfeito com tudo, ou o tirano sedento de conquistas que vai morrer quase louco nos confins da Ásia?

Não se pode negar que existe um componente psíquico e subjetivo na complexa receita de felicidade. Aristóteles não tinha razão ao ver nessa composição um estado de espírito equilibrado em um homem virtuoso que obteve sucesso levando uma vida de liberdade intelectual? É o exemplo de um ideal filosófico por demais comedido e racional, você dirá. Aristóteles não ignora esse tipo de objeção: primeiro, ele é consciente da relatividade e da fragilidade da felicidade humana diante do destino; e retoma seu adágio: "Que ninguém seja declarado feliz antes de seu último dia!" Ele é também consciente de que a maioria das pessoas prefere uma vida de prazeres imediatos; outros irão optar por uma vida de honrarias; poucos se voltarão para a melhor das vidas, a vida realmente filosófica.

Se a posição de Aristóteles é verdadeira, a felicidade é merecida e construída. Com certeza, ela depende em parte de acasos felizes. Porém, ela não reside apenas na chance que poderemos ter para evitar aborrecimentos e de passar entre os respingos do infortúnio! A concepção de Epicuro é ainda mais negativa: uma privação de sofrimentos? Isso não significa nada; mas é o ideal de um velho isolar-se, contentando-se com um jardim secreto?

Além disso, a felicidade deve ser considerada uma finalidade absoluta? Novamente, seremos repreendidos por Kant, que não se importa em ser um desmancha-prazeres: para ele, a felicidade não deve, de forma alguma, ser encarada como resultado de uma ação racional e moral. Ele nos impede de alcançá-la? De forma alguma, a não ser que ela seja alcançada como recompensa.

Em outras palavras, é preciso agir antes de tudo, como se fosse um dever e não um meio para obtê-la como uma retribuição. Ela virá ou não.

Resta certo estoicismo nessa atitude: aceitar com resignação o que nos acontece, desde que nossa alma sinta-se contente. Preocupar-nos com o que não depende de nós é irracional. Sejamos senhores de nossa própria morada: nosso espírito! O kantismo não busca a felicidade; e também não a rejeita. Como o estóico, ele está preparado para tudo, desde que tenha feito o que devia.

Sem dúvida, você achará que essas concepções, a kantiana e a estóica, são por demais austeras. Não discordo. Mas elas têm o mérito de nos fazer refletir sobre os limites da felicidade, sobretudo se a encararmos de forma egoísta. A felicidade é perfeita se não for compartilhada? A imaginação popular (em especial na França, país de gastrônomos e de pessoas que gostam de usufruir a vida!) reflete-se espontaneamente de imediato na tradição de *O banquete*, de Platão e na Santa Ceia: pode existir algo mais agradável do que degustar uma boa refeição em companhia de amigos?

Espero tê-lo tranqüilizado: o tema felicidade está bem no centro da reflexão filosófica. Cada um de nós, antes de nos lançarmos em busca da felicidade, deve interrogar-se sobre qual é o seu ideal e saber estabelecer uma barreira racional: acima do egoísmo mesquinho e a certa distância da bem-aventurança paradisíaca.

19

Quais desejos? Consciência e inconsciência

Será que às vezes desejamos com demasiado ímpeto a felicidade? É quando nos sentimos extremamente infelizes, como essas crianças mimadas, frustradas quando não ganham o brinquedo sonhado.

O que queremos no nosso íntimo, intensamente? Será que nós mesmos sabemos? Temos real consciência dos nossos anseios mais profundos? Existe mesmo um desejo verdadeiro? Temos aqui questões que parecem ser de ordem puramente psicológica, mas cuja importância é de fato filosófica.

Eu desejo o que não possuo. Nesse sentido, o desejo é uma intenção ainda não satisfeita. Mas, como vulgarmente se diz, querer a Lua é uma loucura. Deseja-se então o de que se tem necessidade; mas não se deseja também e com freqüência o impossível?

O problema parece simples quando nos restringimos aos desejos instintivos e "naturais": estou com fome, quero comer; como; o desejo desaparece e só reaparecerá algumas horas mais tarde. Se todo desejo obedecesse a essa lógica da satisfação regular e cíclica, não teríamos mais motivos para nos interrogar.

Mas o homem é um ser que ambiciona algo além de suas necessidades imediatas, que parece desejar por desejar: dificilmente satisfeito, é um ser cujos anseios obedecem a uma lógica mais exigente do que a simples satisfação física. Freud chama de *sublimação* o processo que desloca o desejo para objetivos que não são diretamente atingíveis: simbólicos, intelectuais ou artísticos. É em especial no campo da sexualidade que ele aplica essa teoria da sublimação. Ela não existiria se nossa sexualidade fosse sempre saciada, de imediato, no nível físico mais elementar. O homem é um animal sutil e bastante complicado. Sua sexualidade envereda-se por caminhos tortuosos e simbólicos; ela é, em grande parte, objeto de um controle social interiorizado em nós mesmos, o que Freud chama de *superego* — instância da censura. Se nós reprimimos, em parte, nossas pulsões, essa repressão não é totalmente negativa, pois ela nos obriga a aprimorar nossos desejos.

Se essa concepção freudiana tem algo de verdadeiro, ela obriga a compreender melhor a relação entre consciência e desejo. Nossa consciência identifica-se com um pensamento soberano, senhor de si mesmo e de seus desejos a todo instante? Até Descartes, que prega a clareza e a diferença do intelecto, e que em seu célebre *cogito* ("eu penso") encontra o princípio de uma certeza inabalável, admite que nem sempre temos o controle absoluto sobre nós mesmos, já que possuímos um corpo submisso a paixões. Porém, enquanto ele acredita que o conhecimento lúcido do mecanismo dessas paixões nos permitirá reverter a situação a nosso favor, ou seja, a serviço da razão, Freud, com sua teoria, nos ensinou a ter uma concepção mais complexa do jogo das paixões e da relação entre consciente e inconsciente. Sejamos lúcidos, mas sem alimentar a ilusão de que nosso consciente possa iluminar todos os recônditos de nossa personalidade. O inconsciente resiste: ele tem, de alguma forma, sua independência e seu direito a ser ele mesmo, e só revela seus desejos profundos indiretamente, por exemplo, pelo viés dos sonhos (com a condição de que saibamos prestar-lhes atenção), e também quando acontecem alguns "atos falhos" (como o lapso).

Freud não afirma que jamais possamos (nem que devamos) atingir um estado de felicidade lúcida, quando então chegaríamos a compreender todos os ardis de nosso inconsciente. Seria, de novo, ceder ao sonho cartesiano de um controle absoluto, no nível mais sutil. Como médico, Freud pretende em particular tratar as neuroses, condutas patológicas que tornam a vida pouco suportável. A maioria das pessoas, felizmente, consegue encontrar "soluções compensatórias" que garantem uma existência dita normal.

Teria Freud dito a última palavra sobre os desejos e suas complexas relações com nossa consciência? Hegel, nosso primeiro contato, teve uma intuição genial que, me parece, possui uma dimensão ainda mais decisiva do que a teoria freudiana. Para Hegel, o homem é um ser que deseja além do que necessita para a satisfação de suas necessidades naturais, porque deseja o que nenhum objeto inanimado pode lhe oferecer: ele anseia ser reconhecido. O desejo humano é infinito: ele quer ser infinitamente desejado. Então, o que pode ser infinitamente desejado que não seja um outro ser humano? O combate que define a natureza humana é a luta pelo reconhecimento, cuja forma exemplar é o confronto entre senhor e escravo (que luta e trabalha para não ser reduzido a uma coisa).

O que mais desejamos? Temos um começo de resposta: sermos reconhecidos pelo que somos, seres totalmente livres e responsáveis. Mas sabemos, de fato, quem somos ou o que o outro espera de nós? A luta pelo reconhecimento é interminável, porque nossos desejos são reféns de nosso inconsciente, e é preciso aprender a conhecê-los melhor para que sejam compartilhados.

20

A técnica e a vida

Ao fundar a psicanálise, Freud realizou uma verdadeira revolução: não apenas em função da importância do papel da sexualidade, mas também ao revelar a importância do inconsciente e sua "estranha inquietude". Ele nunca considerou que suas descobertas se reduziriam a simples instrumentos capazes de definir uma técnica de viver. Quando chegou aos Estados Unidos, teria dito: "Eles não sabem que lhes trago a peste." A predominância na América da concepção de uma psicanálise como pura e simples técnica de padronização repugnava-lhe.

O perigo de reduzir nossa vida psíquica e moral a uma técnica é dúbio. Por um lado, arriscamos esquecer em função de que devemos conduzir nossa existência: podemos agir sem uma orientação séria, sem buscar critérios que nos permitirão agir com conhecimento de causa (o que é justo ou injusto, bom ou ruim? Como decidir?).

Por outro lado, trata-se apenas da regularização de nossos desejos para que eles funcionem como um motor? Nossa existência se reduz às diferentes fases de um comportamento de base, de tal forma que só o consideraríamos em função da dupla "estímulo-resposta"? Essa é a concepção behaviorista da vida psíquica. Ela surgiu nos Estados Unidos, onde alcançou um enorme sucesso, difundindo-se em todos os setores de nossa vida contemporânea e na sociedade de consumo. A todo instante sofremos seus efeitos, quase sempre sem percebermos. Assim, a publicidade utiliza-se de meios elementares e maciços que são pura e simplesmente técnicas de manipulação de nosso consciente e de nosso inconsciente. Quem é bombardeado com slogans e imagens? Homens e mulheres livres e responsáveis? Vêem-se neles apenas "consumidores de base" seguindo técnicas testadas em amostragens significativas. São vistas na televisão e no cinema "mensagens subliminares", isto é, imagens consideradas eficazes que passam com extrema rapidez sem que se possa percebê-las. Estamos longe das mais sutis artimanhas do inconsciente freudiano! E mais distante ainda do reconhecimento do homem pelo homem!

É evidente que nossa sociedade é tecnicizada sob todos os aspectos. Com certeza, somos beneficiados nos nossos deslocamentos, em nossos meios de comunicação, nas comodidades da vida, em nossa saúde, nosso conforto. No entanto, devemos impor essa tecnicidade também a nossos pensamentos, atitudes e emoções? Não é exatamente nesse sentido que nos impulsionam todas essas técnicas de marketing da qual acabamos de falar? Não se trata mais de tentar convencer ou persuadir por meio de discursos questionáveis. Quando você é condicionado pela imposição da imagem "na moda" ou pela "tendência" de determinado tipo de jeans ou de sapatos, quando lhe é imposta uma imagem de uma pessoa magérrima, com um jeito de andar *smart*, para promover iogurtes e outros alimentos com teor zero de gordura, você é reduzido a reações elementares. Até onde irão essas manipulações? Você vai se deixar enganar sem reagir, sem exercer seu espírito crítico?

— É pegar e largar — você me responderá. Admito que assim seja e espero que jovens inteligentes não se deixarão transformar totalmente em consumidores passivos. No entanto, tudo depende do nível de formação e de cultura: o espírito crítico não cai do céu; ele é conquistado, construído e aperfeiçoado.

Além do mais, se insisto tanto em todos os aspectos negativos que pesam sobre nossa sociedade de consumo é porque eles indicam um problema generalizado sobre o qual a reflexão filosófica não deve ser sucinta: a vida e a existência devem ser consideradas apenas sob o ângulo tecnológico? No nível biológico, até onde é preciso avançar na utilização e no aperfeiçoamento das técnicas de procriação médica assistida, na manipulação do código genético e, talvez amanhã, na clonagem? No nível psicológico e moral, devo considerar os outros simples meios: por exemplo, os pais só "servem" para nos oferecer casa e dinheiro? Meus amigos para nos distrair e serem úteis; minha namorada para me dar prazer etc.? Caso seja assim, não prevalecerá uma concepção puramente mecânica da existência? O que restará de humano?

A técnica é, tradicionalmente, definida como a utilização de meios visando aos fins. Mas é ainda necessário que os fins sejam bem definidos e escolhidos com lucidez. Quando as técnicas permaneceram simples e artesanais, a relação entre meios e fins era diretamente visível. Porém, na nossa civilização, a técnica é onipresente; ela tornou-se um jogo social; está integrada e interiorizada no nosso comportamento. Sobretudo, ela não se reduz a uma soma de instrumentos, de equipamentos e de máquinas; ela age com mais eficácia e mais sutileza fazendo convergirem as ciências e as técnicas. Portanto, a informática é uma "tecnociência" típica, porque envolve modelos matemáticos (os programas de software) e equipamentos eletrônicos aperfeiçoados (o hardware). Não se pode negar que essa "tecnociência" contribuiu muito para transformar nossa vida.

Sejam quais forem suas qualidades, por sua adequação e suas vantagens para atingir os fins desejados, a informática irá julgar, em meu lugar, os critérios de minhas ações? Com certeza, ela vai me ajudar a obter informações. Devo, por conseguinte, programar minha vida sem ter outro objetivo que não seja a eficácia? E, além disso, de que tipo de eficácia estamos falando? Retornemos às questões iniciais: o que é justo ou injusto, bom ou ruim, como decidir? Essas não são questões técnicas.

21

O bem, o mal e além disso?

É preciso ter recebido uma educação religiosa para saber que, segundo a narração bíblica, o pecado, razão de sua expulsão do paraíso terrestre, foi o que permitiu aos nossos antepassados, Adão e Eva, consumir o fruto da árvore do conhecimento do bem e do mal?

O sentido desse símbolo é muito forte. O conhecimento do bem e do mal é o nosso mais temível privilégio. A inocência era mais inofensiva. De agora em diante, é preciso escolher e assumir a carga de uma consciência responsável.

Responsável diante de quem e de quê? A primeira resposta que nos ocorre é: nossa consciência. Mas será essa solicitação a real origem das primeiras interdições que marcam o limite entre o bem e o mal? ("Não matarás", "Não roubarás", "Não cometerás adultério" etc.) Bergson formulou uma hipótese simples que deve ser gravada, reportando-se à lembrança do fruto proibido: primeiro, é uma interdição social que estabelece o limite do que é o bem e do que é o mal. As primeiras regras morais são "regras morais fechadas", isto é, preceitos rigorosamente demarcados por normas que regulam o funcionamento da sociedade. Cada membro do grupo, da tribo, do clã sabe com exatidão o que pode fazer e o que deve evitar. Só progressivamente a idéia do bem e do mal vai se libertar dessa origem social estreita e, por fim, irá se impor, com Platão, a idéia preponderante do Bem em si, inscrita no mundo das idéias.

Se nos prendermos à idéia de que a noção do bem e do mal é de origem social, não estaremos tentados a prolongá-la até nossos dias, em nossas sociedades desenvolvidas? Não haveria o bem e o mal absolutos, apenas proibições relativas ao funcionamento da sociedade. Essa relatividade autorizaria qualquer transgressão, desde que livre de sanções e de repressões.

Esse relativismo tornaria impossível a instauração de uma moral estável e coerente. Bergson o excede quando demonstra que a universalização e a interiorização do sentido moral são progressos que conduzem à "moral aberta", ou seja, a uma moral baseada em menos interdições do que a incitações, ao estímulo vital, ao amor ao próximo. As regras sociais não são ignoradas, mas sua limitação é superada pelo aprofundamento do sentido moral e não por sua regressão.

A negação do sentido do bem e do mal pode ser nivelada por baixo ou por cima. Se a nivelarmos por baixo, o pior não é fazer o mal pelo mal? Sabe-se que a humanidade é capaz do pior e do melhor e que o mito do Diabo representa essa possibilidade extrema e radicalmente destrutiva.

Atualmente, desenvolve-se, no entanto, uma forma de perversidade talvez mais perigosa que o vício triunfante proclamado pelo marquês de Sade em suas célebres obras. É a atitude de indiferença que deve ser analisada, porque ela não é indiferente: ela não é sem conseqüências. Achar que tudo é válido é uma atitude em princípio insustentável, porém, insidiosamente divulgada como uma contracultura ou um subproduto de nossa civilização. A atitude encorajada pelo extremo consumo passivo diante da televisão, sem nenhum contrapeso crítico, mostra que o injustificável torna-se moeda corrente: violências gratuitas, crueldades banalizadas, insensibilidade instituída.

A "resposta" de nossas sociedades é, claro, insuficiente: a repressão atingirá os menos favorecidos e vai poupar a grande criminalidade. Pode-se constatar uma evolução em que o uso da força procura substituir os julgamentos puramente morais, como o respeito pelo outro, o sentido de valores mais elevados.

A reflexão filosófica não deve confundir o que *é* com o que *deve ser*. Ela intervém nos dois níveis: a apreciação da realidade e a elaboração de critérios. Se ela é responsável, e com certeza é, não pode excluir a hipótese de uma superação do bem e do mal, em nível elevado.

O que isso significa? Ao nos voltarmos para a arte é que poderemos avaliar melhor em que direção estamos sendo conduzidos e as novas exigências que dela resultam.

22

A elevação pela arte

Arte, para quê? Seria possível contentar-se em apenas comer, beber, dormir, ter relações sexuais? Não seria essa a vida ideal para algumas pessoas? Mas não seria uma vida próximo da animalidade? Sem curiosidade, sem outro interesse além da satisfação das necessidades imediatas: seria realmente uma vida realizada?

A arte, ao contrário, a verdadeira arte, encanta, inquieta e faz sonhar. Nesse sentido, ela nos eleva acima de nossos instintos. Entretanto, não a alcançamos diretamente. Como produzir arte, apreciá-la e até ter por ela um desejo ardente? A música, a pintura, a dança, elas não são capazes de fascinar a ponto de se tornarem fontes de alegria e de transformação da vida?

Primeiro é preciso se iniciar, como na filosofia!... É necessário aprender a escutar, olhar, controlar seu corpo. Antes de atingir as mais elevadas emoções estéticas e tentar tocar guitarra, desenhar, saltar e dar cambalhotas sem ser ridículo, é indispensável — como se diz — adquirir determinada técnica. Falar de técnica, em que sentido? A razão principal não são os instrumentos ou as máquinas.

Utilizam-se meios para obter resultados; inicia-se levando em conta nossa sensibilidade, capacidade, nossas emoções, visando transformá-las, aperfeiçoá-las, realizando performances que no início eram impossíveis. Assim, no piano, começa-se por *dó, ré, mi, fá, sol*; são escalas bem simples; depois, dia após dia, passa-se para exercícios progressivamente mais complicados; os dedos se distendem; nosso ouvido se aprimora; interpretamos com mais rapidez etc.

Arte é antes de tudo técnica. A tal ponto que nem sempre conseguimos estabelecer a diferença entre as duas. Depois de um concerto de um grande virtuose, não se diz: "Que técnica!" Um tema vigoroso e bem-sucedido, não é chamado de "obra-prima"? A razão é simples: não se faz arte da mesma maneira que se respira ou que se come; arte é uma atividade humana que transforma elementos materiais e os metamorfoseia. Mas por que fazê-la?

Não se poderia objetar à arte (como acontece com a filosofia): isso serve para algo? Certo. Essa objeção pode ser chamada de "utilitarista": a humanidade deveria se prender ao que lhe é rigorosamente útil. Mas até onde vai o limite do útil? Não é também útil se distrair, brincar, sonhar? Essa concepção que limita o ser humano ao elementar nos remete à primeira representação: uma humanidade que come, bebe etc. sem outro horizonte, sem elevação possível. Infelizmente, experiências aconteceram na História que nos remetem à primeira representação: por exemplo, na sociedade maoísta na China e mesmo no mundo capitalista chamado democrático, prevalece sempre, em particular na América do Norte, a visão de uma existência regrada em função de "padrões" elementares ou medíocres.

A arte eleva, exige, transfigura. E é por essa razão que ela inquieta. Ela não permanece no nível puramente técnico do qual partiu. Como se realiza essa "divisão" entre técnica e arte? Kant tem uma resposta engenhosa: a arte insinua desinteressadamente o "jogo livre" nas atividades funcionais iniciais. Se toco piano só para desentorpecer os dedos, ainda não é arte; se refaço a pintura das minhas janelas, também não é arte; se faço minha ginástica matinal, isso ainda não é dança. Todas essas atividades são técnicas nos mais variados graus. A arte não é só complexidade: muitas canções de Brassens e de Trenet são pequenas obras-primas de emoção, de uma simplicidade desconcertante, descortinando uma dimensão de prazer e de liberdade que nos faz esquecer nossas preocupações diárias.

A arte está também acima da moral? Pode-se dizer que *A arte da fuga*, de Bach, é moral ou imoral? Admirar *A rendeira*, de Vermeer, é um simples prolongamento do olhar — nem edificante nem perverso? Deve-se avaliar o balé de Béjart, baseado na *Sagração da primavera*, de Stravinsky, em relação a critérios morais? Atualmente, ninguém ousaria fazê-lo, sob pena de cair no ridículo. No entanto, essa autonomia que assegura liberdade ao criador e ao apreciador não foi sempre respeitada; e o debate continua aberto: até onde pode e deve ir a liberdade artística?

Quando fazemos essa pergunta, reencontramos a que havíamos feito a propósito da eventual superação do bem e do mal. Incontestavelmente, a arte nos eleva acima de nós mesmos. É bem menos seguro dizer que se trata de uma elevação moral. E quando a arte apodera-se de nossa vida, transforma nossa existência, não é ela que nos coloca acima de toda moral convencional e mesmo acima do bem e do mal?

A arte suprema da vida pode substituir toda moral? Pergunta difícil que deve ser examinada com os mais audaciosos filósofos.

23

Nietzsche, o inexplicável

Se não coloquei Nietzsche na galeria dos nobres espíritos, não é de maneira alguma por lhe faltar nobreza; sobretudo é porque ele não se encaixa tranqüilamente na tradição clássica ocidental. É um pensador que se apresenta como um exilado: "Eu sou dinamite", diria ele no fim de sua vida lúcida. Seu trágico destino acentua ainda mais o seu perfil excepcional: no inverno de 1888-1889, com 44 anos, em Turim, ele abraça um cavalo aos prantos, escreve e envia cartões-postais exaltados, assinando "O Crucificado", e mergulha em uma profunda apatia pontuada de delírios.

Deve-se, realmente, encorajar os jovens a seguir um filósofo tão pouco equilibrado e também tão pouco "sensato"? Tranqüilizem-se, e eu lhes digo: não lhes aconselharia a "segui-lo". Aliás, isso estaria totalmente em desacordo com o espírito de sua obra: ele não quer fazer escola a serviço de uma doutrina; ele declara que escreve para os "espíritos livres"; e Zaratustra, seu "porta-voz", permanece um solitário.

O que é preciso para abordar Nietzsche não é, com certeza, ler na síntese de suas "teses". Quanto a outros filósofos — Kant, por exemplo —, recorre-se a um método que consiste, primeiro, em familiarizar-se com algumas proposições fundamentais sem analisá-las nem aprofundá-las imediatamente. Com Nietzsche não acontece o mesmo: ele tem um tom, um estilo tão pessoal que nada substitui sua leitura.

Prioritariamente, o que ler? Para mim, aos dezessete anos, foi *O nascimento da tragédia*. Livro pequeno e entusiasta de um helenismo que enuncia um problema sempre esquecido pelos professores de grego: como explicar o surgimento da tragédia, arte única, formalmente perfeita, mas carregada de toda dor e toda alegria da vida? Uma sensibilidade extrema soube impor-se a uma disciplina rigorosa: essa tensão é simbolizada pela luta entre deuses antagônicos, Dioniso, deus da embriaguez sagrada, e Apolo, deus luminoso da harmonia e do equilíbrio.

Comparando-se com essa fonte trágica, a racionalidade irônica de Sócrates e de Platão apresenta-se como um fato ultrapassado e decadente. Assim, Nietzsche esboça uma crítica radical do intelectualismo socrático e do idealismo de Platão.

Eu aconselharia a leitura do prólogo de *Assim falou Zaratustra*, no qual é anunciada a exaltação possível do Sobre-humano. O que se critica nos professores da virtude e naqueles que desprezam o corpo humano é não possuírem nem o sentido da vida nem o sentido da terra. O homem tal como existiu até aqui tem sido uma "torrente de lama" que não chegou a explorar todas as suas possibilidades, não distendeu o arco de seus desejos acima da sua animalidade e a mediocridade que espreita sem parar os "últimos homens" — os homens modernos que fecham os olhos dizendo: "Nós inventamos a felicidade."

Nietzsche questiona toda tradição que abandona nossa permanência na terra e sai em busca de um mundo ideal: a tradição platônica e cristã. A crítica nietzschiana recai sobre a moral ascética dessa tradição, moral da renúncia e do ressentimento contra a vida e contra seus princípios supersensíveis (o Bem ideal, o Deus do monoteísmo).

Encontramos em Nietzsche duas condutas complementares: crítica e construtivismo. Não se podem separar sua genealogia da moral e o seu *Sim* renovado à Vida.

Como dar forma a essa reconciliação com a Vida sem uma disciplina nova: essa elevação privilegiada que só pode ser alcançada com a grande arte? Tornando-se arte da vida, ela não supera totalmente o bem e o mal?

Poderíamos minimizar um pouco a novidade de Nietzsche relembrando que já para Pascal a "verdadeira moral zomba da moral". Mas com Pascal esse distanciamento permanece nos limites da religião cristã (é a graça de Deus que nos faz encontrar a medida certa para além de todas as limitações humanas), enquanto Nietzsche pretende exceder os valores reconhecidos (já que "Deus está morto").

Não se podem minimizar, porém, os riscos assumidos por Nietzsche: ele nos lança no desconhecido. E o vigor de sua crítica à moral cristã deve fazer com que aceitemos, sem condições, sua apologia de uma "grande política" conduzida por gênios sanguinários e cínicos como César e Napoleão?

Não nos esqueçamos de que Nietzsche não escreve para as massas, mas para os poucos privilegiados, esses "espíritos livres" que constituem uma verdadeira aristocracia da inteligência. Ele tem razão? Ele está errado? O que ele escreve sobre a arte é inesquecível por ser ele um grande artista e, ao mesmo tempo, um pensador (não é o caso de todos os grandes filósofos).

O que ele escreve sobre política é bem menos digno de nossa admiração: ele não deveria encarar a realidade, levando em consideração o que é a humanidade em sua maioria — não para massacrá-la com desprezo, mas para orientá-la de acordo com a Justiça?

24

Qual sociedade, qual Estado?

Nietzsche, que não é considerado um filósofo político, conduziu-nos, no entanto, a uma questão política. Querer deduzir diretamente uma política de seu pensamento é, portanto, uma tarefa cheia de ciladas: os nazistas desejaram fazer dele um de seus profetas, porém censurando-o. Uma mistura paradoxal de anarquismo e de espírito aristocrático lhe seria menos infiel.

Depois de Platão, a filosofia se defrontaria com a política tentando refletir sobre seus princípios e seus fins: o filósofo experimentaria a tentação de tornar-se o conselheiro do príncipe, para o melhor e para o pior.

Reconhecer a importância da política não significa que "tudo é política", como proclamavam alguns estudantes por ocasião dos acontecimentos de maio de 1968 (esse é, de fato, um slogan totalitário, porque extingue a separação entre a esfera privada e o domínio público). Isso significa, sobretudo, assinalar que uma reflexão responsável sobre o homem e seu futuro não pode ignorar qual será a melhor forma de Estado nem como encontrar uma articulação para o problema entre moral privada e o *status* público (a cidadania, seus direitos e seus deveres).

Uma reflexão sensata nos reitera: "Os conselheiros não são os contribuintes." É verdade que um excelente filósofo político não seria, forçosamente, um homem de Estado eficaz. O filósofo reflete sobre os princípios, mas não os aplica. Da mesma forma, um excelente tratado sobre medicina pode ser escrito por alguém que não exerça a função de médico — ou o inverso. Pelo fato de Platão ter fracassado junto ao tirano de Siracusa, não diminui o interesse despertado por sua obra *A República*, que há 25 séculos alimenta a reflexão política.

O que acontece atualmente? Nós deveríamos nos beneficiar de todas as experiências acumuladas com as lições de História em se tratando de organização da sociedade, de constituições, formas de governo etc. É verdade que a filosofia política tornou-se, por si mesma, uma especialidade rica e complexa, na qual não faltam precedentes e referências que nos levam a meditar sobre a evolução acidentada do Ocidente — que se beneficiou de uma tradição reflexiva. Porém, mais uma vez, a realidade não é o que deveria ser: Hegel observa que raramente os homens tiram lições da História. Realmente, os governantes, em seus cargos, dispõem de inúmeros conselheiros, de informações arquivadas e de simulações programadas no computador; no entanto, eles obedecem, com freqüência, a imperativos oportunistas sob a pressão de interesses poderosos; e raras são as ocasiões nas quais os filósofos têm a oportunidade de influir diretamente no curso dos acontecimentos e das decisões políticas.

A grande tentação filosófica foi e continua sendo a utopia, isto é, o sonho de uma sociedade ideal. A utopia é salutar ou perigosa? Ela é valorizada pelos seus adeptos porque nutre esperança e porque, sem ela, a política se reduziria às tristes realidades da gestão. Os adversários da utopia a consideram perigosa: a negação da realidade leva ao desprezo dos homens. Robespierre, Stalin, Hitler eram utópicos: o primeiro visava a uma sociedade virtuosa e incorruptível; o segundo, a uma sociedade igualitária e disciplinada; o terceiro, a uma sociedade racialmente pura. Conhecem-se os resultados: quantas formas de terror.

A filosofia política deve considerar as realidades da sociedade. Foi o que fez Aristóteles na sua obra *Política*, quando define o homem como sendo um "animal político", que subordina a economia à política, mas, sobretudo, analisa as diferentes formas constitucionais possíveis: democracia, monarquia, aristocracia (e suas variações). Para ele, o melhor regime não é um ideal longínquo; é um meio-termo, uma solução realizável, evitando os males extremos para resolver o problema da política: como permitir aos homens viverem juntos harmoniosamente e seguindo os princípios da Justiça?

Essa lição é sempre válida e sugere que se estabeleça a diferença entre a sociedade de um modo geral (com suas diferentes formas de agrupamentos: família ou clã, associação, entre outros) e o Estado, a instituição de um poder regular e soberano, dispondo de um território, uma moeda, um exército etc.

Todos os problemas éticos ou sociais não são problemas políticos. Todos os problemas políticos não se situam no mesmo nível, em especial nas nossas sociedades desenvolvidas cujas estruturas são complexas.

Uma das atribuições da filosofia atual, nesse setor, é a conscientização das especificidades da política no sentido moderno. São muitas as questões a serem resolvidas (por exemplo, regulamentação orçamentária, organização administrativa, gestão de pessoal etc.), que são problemas técnicos. Seria então desencadeada uma tecnicidade na esfera política como um todo? O presidente da República, o primeiro-ministro não são gestores? Se a política tem um significado, qual deve ser o seu papel? Como ela respeitaria os imperativos éticos? Como cada cidadão deve conceber seu lugar e sua maneira de intervir para fazer valer seus direitos sem trair seus deveres? Todas essas questões são atuais e urgentes para um filósofo político responsável.

No campo do ideal e do real, do direito e da moral, há e sempre haverá a reflexão e a ação políticas. Segundo

Bergson, o verdadeiro homem de ação deve ser o homem da razão e inversamente. Em outras palavras, o pensamento filosófico deve ser o reverso crítico e reflexivo da ação política — e seu complemento salutar.

25

Perguntas demais?
Uma única pergunta

Já abordamos muitos problemas: da moral à política, da estética à religião. Como aprendizes de filosofia, seremos uma criança irrequieta?

Eu esperava por essa réplica, cuja outra forma, menos nobre, poderia ser: não podemos saber tudo! Embora simplificado, o programa é ainda bem vasto!

Agora que já abordamos nossa última linha reta, é necessário que façamos uma pausa para refletir sobre essas objeções. Uma pausa como essa é essencialmente filosófica!

É verdade que nenhum problema humano deve permanecer estranho à filosofia. Mas, embora seja ele muito inteligente e empenhado, nenhum filósofo pode dominar *todos* os problemas, sobretudo em um mundo em constante transformação pela evolução rápida das ciências, da tecnologia e dos hábitos de vida. É por essa razão que a pesquisa filosófica de alto nível deve se especializar: lógica, filosofia das ciências, filosofia tecnológica, estética, ética, filosofia política constituem campos de estudo amplamente autônomos.

Quer dizer que se torna impossível exercer a filosofia dessa forma? Kant já observara essa dificuldade (porque o saber em sua época já era enciclopédico) e sua resposta é a seguinte: "Não se pode aprender filosofia porque não existe filosofia acabada, universalmente válida. Pode-se apenas aprender a filosofar." Em outras palavras, não se aprende filosofia como um complemento de novos conhecimentos; o problema do enciclopedismo na filosofia é um falso problema; é argumentando, raciocinando, fazendo perguntas pertinentes, examinando-as de forma crítica, adquirindo mais maturidade intelectual etc. que se aprende a filosofar.

A resposta kantiana é válida tanto para o iniciante como para o profissional laureado.

Não quero dizer que, graças a essa iniciação, você não seja mais um principiante. Pelo menos, leve em conta que cada lição destina-se a despertar surpresa e reflexão. Não se trata de decorar esta iniciação, muito menos qualquer manual ou tratado filosófico (não é uma disciplina que se satisfaça em fazer registros em um questionário). Trata-se de estimular a reflexão e, com certeza, começar a adquirir certo conhecimento, de se familiarizar pouco a pouco com o vocabulário filosófico, com o aprendizado na colocação de determinado problema, examinando-o sob diferentes aspectos, e em como organizar um debate na abordagem, também gradual, dos grandes autores.

No que diz respeito ao filósofo profissional, que já adquiriu um vasto conhecimento, deveria ele negligenciar a lição de Kant? Ele é sábio no campo filosófico, porém teria se esquecido de filosofar? Ele deve ainda deixar-se surpreender e, surpreendendo-se sempre, reaprender a filosofar?

Embora Bergson afirme, com razão, que a verdadeira filosofia gira em torno de uma intuição simples, não obteríamos a mesma resposta para a pergunta: qual é a essência da filosofia?

Tentaremos responder a ela com o início da célebre passagem de *Hamlet* que nos ocorre no momento: "Ser ou não ser...?" Essa alternativa já não formula a pergunta filosófica por excelência? E se é necessário prender-se a uma só pergunta, não seria essa a escolhida?

A reflexão sobre essa pergunta vai nos mostrar que ela não deve ser entendida em um único sentido.

Para Shakespeare, trata-se de saber se suicidando-nos conheceremos um sono sem remorso, ou se um julgamento nos espera no Além. O problema do ser humano é a capacidade de decisão que todo homem livre pode tomar a respeito de sua própria vida e de sua morte eventual; é a questão que Camus considera a mais importante da filosofia, quando ele escreve no início de seu ensaio *O mito de Sísifo*: "Só há um problema filosófico verdadeiramente sério: o suicídio. Julgar se a vida vale ou não ser vivida é responder à pergunta fundamental da filosofia." A resposta de Camus a essa pergunta, a mais concreta de todas, é uma reflexão sobre a condição humana: sim, nossa condição é absurda; o homem é um ser que deve sofrer e, quase sempre, sem razão. Mas ele tem o privilégio de ser um homem consciente e de poder dispor livremente de sua vida; renunciar à luta e escolher o aniquilamento não é uma solução corajosa. Camus refere-se, sobretudo, à concepção niilista do suicídio, que recusa porque ela despreza a vida, tornando-a sem sentido. Escolher a solução heróica é assumir a carga mais nobre: a liberdade de suportar a vida e sua tragédia.

Pode-se decidir se a vida tem um sentido sem refletir sobre a noção intrínseca dele, sobre a concepção de realidade, sobre o próprio ser humano? "Ser ou não ser" tem um significado bem menos imediato, bem mais distanciado: não se limita, de forma alguma, ao pequeno problema da minha sobrevivência pessoal; concerne ao ser humano como tal, isto é, à existência de um ser diante do nada, ao não-ser. O ser não se impõe a mim de forma que eu não conceba também que ele pode não existir. Mas esse nada que está presente em meu pensamento não será um puro conceito derivado ou extraído pela subtração do que existe (segundo Bergson)? Ou então, por paradoxal que possa parecer, é preciso reconhecer nele uma angustiante "realidade" (como afirma Heidegger em sua conferência "O que é a metafísica?").

No segundo caso, a pergunta de Hamlet tem um sentido mais enigmático.

Esse sentido é muito abstrato? Mas a perplexidade diante do ser, perante a constatação de que ele existe, não deve ser saudada e salvaguardada como o ato filosófico mais puro?

26
Como abordar os autores?

Imagine que você seja rebelde (ou alérgico) ao tipo de questionamento aqui proposto e ampliado. Suponhamos que seja esse o caso e que prefira que não lhe sejam formuladas (muitas) perguntas. Mas se isso não lhe desagrada, proponho que prossigamos um pouco mais na nossa conversa.

Conversa, eu disse, não conversão. Não falei em convertê-lo à filosofia. Invoco a sua inteligência. Talvez me responda que tem o espírito da geometria e não do discernimento. Já seria uma resposta interessante e bem estruturada, porque ela pressupõe o conhecimento de uma distinção feita por Pascal que creditaria à filosofia uma qualidade: o discernimento.

Observe que não fiz um elogio incondicional da filosofia e que não procuro, a qualquer preço, apresentá-la como uma atividade absoluta. Eu quis, sobretudo, mostrar suas possibilidades, seus recursos intelectuais e críticos. Se você não foi "mordido" por ela, eu gostaria de tentar discutir alguns pontos que lhe podem ajudar a superar reações passionais e irrefletidas.

Pode ser que um dia caia, por acaso, nas mãos um autor que lhe agrade mais do que os outros. Suponhamos até que ele o "seduza"! Não retornarei aos filósofos clássicos com os quais já travamos conhecimento, limitando-me a alguns conselhos práticos para abordar autores suscetíveis de lhe interessar ou de deixá-lo apaixonado.

A leitura de um bom texto lhe proporcionará uma experiência que nenhum outro manual ou resumo, nenhum curso substituirá. Descobre-se, de repente, um estilo, um tom pessoal, um mestre, um amigo. Malebranche, passeando à beira do Sena, abriu por acaso a obra *Do homem*, de Descartes; sua vida se transformou. Conhece alguma outra experiência como essa?

Às vezes pergunto-me, trabalhando minha imaginação, o que eu teria aprendido se encontrasse Sócrates, Platão, Aristóteles em carne e osso. Talvez não muito mais do que lendo seus textos.

Com certeza, é mais trabalhoso ler, pois exige mais tempo do que só ouvir. E antes de ler, é preciso fazer uma boa escolha. Entendo seu embaraço diante de uma biblioteca com obras difíceis! Assim, quero dar alguns conselhos simples.

Se é sempre preferível ir em busca de textos importantes, isso não quer dizer lançar-se sem precaução na *Crítica da razão pura*, querendo lê-la de A a Z, como se estivesse devorando um grande romance. Porém, lendo os dois prefácios, ficará surpreso ao compreendê-los sem muita dificuldade. A mesma coisa acontece com Descartes: o

Discurso do método é uma espécie de prefácio que comporta elementos narrativos (acerca da educação recebida no Collège de La Flèche, sobre suas preferências); sua linguagem é admirável. Não seria estimulante tentar explorá-la um pouco?

Se você procura um anticonformista, um original meio louco, um observador implacável do coração humano, um pessimista revigorante, escolha Schopenhauer. Antes de mergulhar de cabeça na sua obra-prima *O mundo como vontade e representação*, poderá encontrar no comércio pequenos livros paradoxais e surpreendentes como *A arte de ter razão* ou *A arte de ser feliz*.

Ao contrário, se possui um espírito de geometria, se busca uma filosofia que lhe permita atingir certezas que contribuam para o aperfeiçoamento de seus estudos científicos, vá em busca de Auguste Comte em seu *Discurso sobre o espírito positivo*, que oferece a síntese de um pensamento que se diz racional, preciso, moderno e concreto. Entretanto, seu estilo metódico e retórico pode parecer, às vezes, antiquado. Nesse caso, tente iniciar com uma teoria contemporânea do conhecimento científico em companhia de um mestre inteligente e simpático: Gaston Bachelard, cujo livro mais acessível sobre o assunto é *O novo espírito científico*.

Eu já ia me esquecendo de um mestre da língua francesa, admirável em sua clareza e seu senso pedagógico: Bergson. Para conhecê-lo, existe algo mais agradável que seu ensaio consagrado à comicidade? Originalmente, era um discurso sobre a distribuição de prêmios, exercício cujos deveres e encantos os estudantes atuais não conhecem. Sem dúvida, não é sua obra mais profunda. Porém, sua aproximação progressiva do fenômeno da comicidade, com base em amostragens, oferece um modelo exemplar de um método paciente que permite definir o cômico e despertar simpatia por ele. O título do livro que lhe aconselho é *O riso*.

Não se aprende filosofia sempre chorando.

27

Por que não é uma ciência?

Antes de nos deixar, já é tempo de fazer um balanço claro sobre a questão das relações entre a filosofia e as ciências. Muitos filósofos importantes foram cientistas; mas atualmente, na França, são os escritores que têm uma carga horária relevante em se tratando de filosofia, disciplina ensinada — no nível superior — nas Faculdades de Letras. Além disso, temos constatado uma grande variedade de posições: alguns filósofos se dizem rigorosamente científicos, outros, ao contrário, assumem grandes liberdades, com os métodos racionais e positivos. Como se situar? Para responder, utilizarei sucessivamente dois métodos: um histórico, outro analítico.

Historicamente, a filosofia nasceu com a ciência na Grécia. Ela é *epistemológica*, conhecimento puramente intelectual ou cognitivo. A ciência nunca foi um bloco homogêneo. Os primeiros sábios da Grécia eram astrônomos, físicos, moralistas e até médicos. Com Platão, determinou-se a primeira distinção entre matemática e filosofia propriamente dita; mas distinção não é separação, muito menos antagonismo. Platão fixou uma inscrição na entrada de sua Academia: "Só entra aqui quem for geômetra!" Para ele, a matemática é a primeira etapa, absolutamente essencial, para o acesso ao mundo das idéias. A tradição platônica é tão favorável à matemática que, apoiando-se em Platão (contra os aristotélicos), Galileu criou a física matemática no sentido moderno. Mas Aristóteles, menos matemático que Platão, é um importante lógico, um biólogo incomparável. Na sua época, significava grande sabedoria. E, se observarmos os grandes filósofos modernos, começando com Bacon (pioneiro no método experimental), Descartes (precursor da geometria analítica, pesquisador competente em mecânica, ótica, cosmologia), Leibniz (inventor do cálculo infinitesimal), constata-se que o divórcio entre ciência e filosofia é relativamente recente.

Deve-se mesmo falar de divórcio? Façamos agora uma reflexão sobre a delimitação atual nos campos de estudo das ciências e da filosofia.

Cada ciência tem, a princípio, um objetivo determinado: a matemática estuda os números e as relações quantitativas; a física, a natureza material; a biologia, o ser vivo. Atualmente, cada uma dessas ciências conhece, por sua vez, maiores subdivisões: na física, por exemplo, distinguem-se a física teórica, a física das partículas elementares, a física da matéria condensada, a astrofísica etc.

A filosofia pode ser uma ciência como as outras? Se ela não tem objeto próprio, mas reflete sobre as possibilidades das outras ciências, a resposta deve ser negativa. E essa resposta, por sua vez, pode ter um sentido negativo ou um sentido positivo.

Do ponto de vista negativo: conclui-se que a filosofia não pode ser uma forma de conhecimento rigoroso tal como o que se exige das outras ciências; deve-se assim abandoná-la ou subordiná-la estreitamente às outras ciências. É a posição que chamamos de cientificista.

Com um enfoque positivo: só a filosofia examina as questões fundamentais que as ciências não podem arvorar-se a fazer sem transgredir seus limites constitutivos. Se um biólogo se pergunta: "O que é a vida?", ele não está mais praticando a biologia. De fato, com freqüência cientistas indagam-se sobre questões filosóficas que dizem respeito às suas próprias disciplinas. Os mais lúcidos o fazem com conhecimento de causa sem pretender dar lições aos seus colegas cientistas nem aos filósofos. Eles têm consciência da dificuldade em fazê-lo. O próprio Einstein formulou proposições filosóficas como: "Deus não joga dados" ou "O mais incompreensível é que o real seja compreensível"; ele nunca confundiu suas reflexões em relação ao seu trabalho com sua atividade propriamente científica.

Durante muito tempo, a peculiaridade habitual e essencial da reflexão filosófica assegurou à filosofia o privilégio de ser considerada a rainha das ciências. Agora, essa posição não é defendida por ninguém. Não existe mais a rainha das ciências; nem mesmo um arquétipo único do desenvolvimento científico. Reverter esse privilégio (no sentido inverso) é a tentação de alguns: desprezar tudo o que não depende da ciência. Mas esse cientificismo "duro" não é uma reação passional, menos racional do que ele pretende ser porque se fecha em uma concepção esquemática da ciência e desconhece as possibilidades de rigor e de análise do trabalho filosófico? Diante dessas argumentações, porém, filósofos que adotaram essa posição cientificista permanecem filósofos: é o caso, por exemplo, de Carnap e do neopositivismo da Escola de Viena. Eles querem demonstrar que a filosofia pode se impor como uma disciplina rigorosa desde que renuncie às suas antigas pretensões. Essa preocupação, respeitável em seu fundamento, merece ser discutida quanto às suas realizações, porque tudo depende da amplitude do "restante" defendido como domínio destinado à filosofia.

Reservamo-nos o direito de formular algumas perguntas: a conceituação dessa exatidão não é restritiva? Existe apenas uma fórmula para se chegar à verdade? Existe mesmo uma única verdade?

28

Justiça e verdade

As ciências têm resposta para tudo? Elas devem estar alinhadas e orientadas em direção a um campo de ação essencial: o da ética. Nenhuma ciência pode nos dizer se a exploração da energia atômica, a exploração do espaço, a eventual clonagem humana são procedimentos moralmente bons ou maus. A ética não é uma ciência, embora cada vez mais ela leve em consideração informações científicas. Sua preocupação com os fins faz dela o centro da filosofia.

Aristóteles considerava o "bem viver" o objetivo da ética. Como não lhe dar razão? Mas o que a natureza define como sendo o bem não é muito claro: entre o útil do qual aprendemos a conhecer os limites, e o Bem em si, cuja irradiação ideal nos fascina, está o Justo. Por sua vez, esse Justo não será um tímido compromisso para que violências e conflitos sejam evitados? Ou a elaboração lúcida, mas complexa, das melhores soluções a serem encontradas e das melhores decisões a serem tomadas a fim de que a harmonia social e a felicidade individual possam ser asseguradas? Nesse caso, devemos aplicar os preceitos da *Uma teoria da justiça* (título da obra do filósofo americano Rawls), mesmo que a Justiça permaneça no campo puramente teórico.

Esse é o vasto programa que constitui a janela prática da filosofia. Como realizá-lo sem se preocupar com a verdade? A prática e a teoria estão estreitamente ligadas: uma teoria que não desemboque na prática permanece abstrata e hesitante; uma prática não esclarecida pela teoria se compara a um carro viajando à noite sem farol.

Torna-se evidente declarar que a janela teórica da filosofia é a busca da verdade. A dificuldade está no sentido da palavra no singular: ela considera a verdade, de um modo geral, ou a Verdade (supondo-se que ela seja suprema e única)? Nenhum dos termos dessa alternativa é satisfatório.

No extraordinário momento em que Pôncio Pilatos e Jesus defrontam-se, o procurador romano formula a pergunta filosófica por excelência: "O que é a verdade?" Contudo, ela parece ter sido expressa com profundo ceticismo. Admitamos, por um momento, que Pilatos tenha tido razão ao duvidar de que a pergunta pudesse ser respondida. Não é o papel da filosofia tentar compreender por que a busca da verdade é uma tarefa infinita e impossível? Fica claro que a outra resposta, a de Jesus (que se apresenta como "a Verdade, o Caminho e a Vida"), exige fé; portanto, não é filosófica.

A busca filosófica da verdade não poderia se afirmar como sendo exclusiva a não ser que se transfigurasse. Ela não escreve a palavra Verdade com V maiúsculo. O privilégio da filosofia não é afirmar suas próprias verdades (supondo que elas estejam estabelecidas) como superiores, prevalecendo sobre as verdades religiosas, científicas etc., mas de refletir sobre o conceito da verdade e acerca das condições que assegurem um julgamento justo. Conseqüentemente, sua reflexão deve ser muito mais especificada do que aquela que busca a verdade de modo geral. Ela participa de uma evolução cultural que tem permitido à humanidade descobrir verdades diferentes, em níveis heterogêneos.

Deve-se criticar tudo o que se apresenta como verdade? Aristóteles responde: "Ninguém pode alcançar plenamente a verdade, mas ninguém erra inteiramente." Ele quer dizer que a verdade não é unificada, bloqueada, mas que ela se revela pouco a pouco, no decorrer da experiência. O papel da filosofia não é condenar erros, e sim corrigi-los e superá-los, selecionando as verdades cujos enunciados sejam válidos e claros. Formulam-se perguntas como estas: a verdade está na forma como é feito o julgamento ou em conformidade com uma realidade exterior? Todo julgamento justo é contestável? Existem verdades não demonstráveis? A verdade lógica é o único tipo de verdade? etc.

Verdade e justiça, justiça e verdade: duas faces de um lema possível da filosofia. Mas um lema é uma predição orgulhosa que se une: é em torno dele, por exemplo, que um nobre combatente tenta reunir os membros de seu clã, de sua família, de seu país.

Assim, pode-se imaginar que os filósofos se reagrupam em um campo de batalha. Mas a filosofia não é, acima de tudo, amor pelo saber e ela não se dirige a todos os seres humanos? Portanto, ela não deve transformar seus fins em slogans.

29

Qual amor?

O mais belo diálogo de Platão, *O banquete*, é consagrado ao amor, a seu deus, Eros, e às suas diferentes formas. No decorrer de uma refeição entre amigos, cada convidado dedica-se a fazer o elogio do amor.

Herdeiros que somos de uma longa tradição judaicocristã, poderíamos nos prender ao amor carnal, maculado de culpa e desprezo. Ele não é nada disso. Porém, o mais surpreendente é que o amor carrega em si um valor filosófico, tornando-se o agente de nossa escalada ao mundo das idéias, e que Platão não esconde que ele é também fonte de delírio e desregramento, tomando em primeiro lugar como objeto do desejo belos corpos de carne e sangue, que estão longe da pureza ideal.

A expressão "amor platônico" é enganosa: ela faz crer que Platão excluía totalmente o amor físico — o que não é o caso. Ao contrário, na verdade Platão acha que o amor físico deve ser iluminado pela harmonia superior que ele reflete, e que ele apenas representa uma fase de nossa ascensão ao Belo e ao Bem.

Com certeza, essa concepção é muito (e talvez exageradamente) intelectual. Mesmo na Bíblia, encontram-se (no *Cântico dos cânticos*) insinuações e evocações sensuais e carnais do amor. No entanto, não falta nobreza ao amor platônico. Ele revela quanto a filosofia, se ela toca realmente o âmago da vida, é o impulso do desejo, que nos transcende e nos entusiasma, ou seja, nos conduz ao Divino.

Depois de Platão, é impossível filosofar sem amor? O amor não está inserido no próprio nome da filosofia? Mas é um amor que o jovem atual poderá ou desejará compartilhar? Existem formas contemporâneas do amor: leia, por exemplo, *Morte em Veneza*, de Thomas Mann (que inspirou o filme de Visconti). É uma reflexão, na mais maravilhosa das cidades, sobre o amor impossível do velho professor Aschenbach pela forma ideal de beleza de um jovem adolescente, Tazio.

Você vai julgar essa reflexão por demais filosófica e fora da vida real? Quem está preparado para encontrar em sua amada, no seu amigo querido, os reflexos da beleza ideal e do Bem? "É sublime demais para todos nós!", me dirá.

É exatamente essa diversidade que Platão quer sublinhar: ele não pretende reunir em torno de sua causa a maioria comum dos mortais. Sua concepção do amor é nobre (os *aristoi* são os melhores). Uma filosofia moderna, democrática, não deveria pregar, com o cristianismo, o amor universal?

Jesus nos deixou, com o "Amai-vos uns aos outros", um conselho inesquecível que, infelizmente, continua sendo menosprezado. Por quê? De novo, a reflexão filosófica deve levar em conta a realidade: o amor ao próximo não é por demais abstrato para que possa realmente ser compartilhado? Para Nietzsche, existiu um único cristão e ele morreu na cruz: o ideal evangélico, como toda filantropia, é uma utopia que camufla um desejo de obter uma recompensa na condição seletiva da vida.

Nietzsche prega o que ele chama "o amor ao mais longínquo", um amor que eleva e hierarquiza, à altura das possibilidades secretas da vida. Apesar de querer destruir o platonismo, ele reencontra um caminho que o leva em direção a um amor filosófico superior, que ultrapassa a humanidade em geral.

Esse debate mostra a que ponto o problema do amor esteve e permanece no centro da filosofia. O lugar reservado ao desejo físico e ao apego a alguém sempre foi discutido na tradição filosófica. Enquanto a sexualidade foi reprimida durante séculos, atualmente assistimos à invasão de sua apologia — mas com freqüência sob formas violentas ou artificialmente exploradas pela publicidade, pela mídia. Passamos de um excesso a outro.

Quais são as proposições para uma reflexão filosófica, consciente da evolução que ocorreu há pouco tempo, inspiradas na contribuição da psicanálise e das ciências humanas? Não rebaixar o amor humano à sua expressão mais elementar, abordar com tolerância suas diferentes tendências, salvaguardar oportunidades que contribuam para a busca da sabedoria.

30

Alguns grãos de sabedoria, apesar de tudo!

A sabedoria é o objetivo prático da filosofia. É um antigo conceito. O sábio é quase sempre representado como um velho respeitável, imponente ou simpático, raramente com traços de uma jovem ou de um jovem. Nossa época prefere o extremo. O meio-termo é rejeitado.

Para Salomão, a sabedoria é impossível sem a ajuda de Deus. As tradições religiosas monoteístas vêem com desconfiança a elevação espiritual superior sem a graça divina. Decididamente, a sabedoria não tem muitos amigos!

A filosofia também não é tão segura de si. Sócrates, que o oráculo de Delfos designara como o mais sábio dos homens, recusa o título e introduz a (falsa) modéstia filosófica que consiste em dizer que só se pode ser amante ou amigo da sabedoria, diferentemente dos primeiros pensadores gregos que não se constrangiam em se proclamar (ou em aceitar serem chamados) *sophoi*, sábios.

A sabedoria — mesmo quando submetida à reflexão — é essencialmente *burilada*. Mas por que ela é considerada tão difícil, quase impossível de ser alcançada pelo ser humano? Compreende-se que as religiões que invocam a Bíblia afirmem essa impossibilidade, já que ela resulta do pecado de Adão. Mas e a filosofia?

É sua lucidez sobre a condição humana, frágil e submissa às paixões, que a conduz ao ceticismo, levando-a a atitudes desiludidas: uma modéstia irônica com Voltaire em *Cândido* ("Cultive seu jardim!") ou os paradoxos de Erasmo em seu *Elogio da loucura* ("Saiba ser louco com conhecimento de causa").

Descartes assume uma posição mais comedida e mais confiante: na ausência de uma sabedoria soberana e onisciente, que é privilégio de Deus, o ser humano pode controlar suas paixões, aprendendo a conhecê-las, e se souber moderar seus desejos ele poderá alcançar uma bem-aventurança adaptada a seus limites (como acontece com um pequeno navio que é mais fácil de ser carregado que um grande).

Aí está um exemplo da modéstia diante do caminho em busca da sabedoria! Parece que o exercício da filosofia, como uma escola que olha o mundo e a si própria com lucidez, ensina a moderação e, assim, a iniciação à sabedoria.

Se os grandes filósofos hesitaram em se proclamar sábios, o que dizer de nós, modestos aprendizes? O que conta, na verdade, não é o rótulo ou o valor que lhe atribuímos, mas sim o caminho efetivamente percorrido.

Enquanto nossa sociedade tecnológica enfatiza a adaptação e a flexibilidade, nossos governantes priorizam a integração, a responsabilidade e o sentimento de cidadania. A questão do equilíbrio individual e o sentido dos princípios essenciais da vida parecem relegados a um depósito de acessórios. E julgam marginais aquelas e aqueles que se opõem ao modelo predominante: nossa sociedade considera-se eficaz, dominadora e lucrativa.

Apesar de tudo, mantenho minha posição acerca da sabedoria porque não a considero anacrônica — desde que saibamos amá-la descobrindo seu aspecto rejuvenescido e seu novo colorido. Para isso, uma viagem à Índia não se torna indispensável. Apenas questionamentos sobre o que realmente é importante na vida, algo como uma "peregrinação às fontes", isso, sim!

Agora, faça seu jogo! A prática filosófica tem seu lado pessoal que paira acima de tudo. Além do sucesso nos estudos, legitimamente procurado, a vida espera você com suas ciladas e suas alegrias. Por que não se adiantar a ela com um pouco de filosofia?

Se pensa que tenho razão, você mesmo semeará alguns grãos de sabedoria: elas germinarão em seu jardim secreto.

Algumas leituras recomendadas

BACHELARD, Gaston. *O novo espírito científico*. Lisboa: Edições 70, 2008.
BERGSON, Henri. *O riso*. Rio de Janeiro: Guanabara, 1987.
DESCARTES, René. *Discurso do método*. São Paulo: Martins Fontes, 1996.
KANT, Immanuel. Prefácios I e II da *Crítica da razão pura*. São Paulo: Martin Claret, 2002.
NIETZSCHE, Friedrich. Prólogo de *Assim falou Zaratustra*. Rio de Janeiro: Civilização Brasileira, 1981.
——. *O nascimento da tragédia*. São Paulo: Companhia das Letras, 1999.
PLATÃO. *O banquete*. Rio de Janeiro: Bertrand Brasil, 1991.
SCHOPENHAUER, Arthur. *A arte de ser feliz*. São Paulo: Martins Fontes, 2005.
——. *A arte de ter razão*. São Paulo: Martins Fontes, 2005.

Índice onomástico

Adão e Eva, *O Antigo Testamento*, Gênesis, 93, 134
Alexandre, o Grande, 13, 43, 82
Aristóteles, *Política* — *Ética a Nicômaco*, 25, 26, 27, 43, 44, 45, 71, 82, 83, 107, 118, 122, 125, 127
Agostinho (santo), 46

Bach, Johann Sebastian, *A arte da fuga*, 99
Bachelard, Gaston, *O novo espírito científico*, 119
Bacon, Francis, 122
Béjart, Maurice, 99
Bergson, Henri, *As duas fontes da moral e da religião* — *O riso*, 93, 94, 109, 113, 114, 119
Brassens, Georges, *Canções*, 99
Buridan, 66

Camus, Albert, *O mito de Sísifo*, 113
Carnap, Rudolf, *Manifesto do Círculo de Viena*, 124
César, 104
Comte, Auguste, *Discurso sobre o espírito positivo*, 78, 119
Dênis de Siracusa, 43, 106
Descartes, René, *Discurso do método* — *Do homem*, 25, 45, 46, 47, 53, 86, 118, 119, 122, 134
Diógenes (extrato de Diógenes Laércio, *Vida dos filósofos ilustres*), 82

Einstein, Albert, *Como vejo o mundo*, 15, 123
Epicuro, 83
Erasmo, *Elogio da loucura*, 134
Euclides, *Elementos*, 22

Freud, Sigmund, *Introdução à psicanálise*, 86, 87, 88, 89

Galileu, 19, 122
Gymnosophistes (Os), 13

Hegel, Wilhem Friedrich, *Fenomenologia do espírito*, 41, 48, 51, 87, 106
Heidegger, Martin, *O que é a metafísica?*, 114
Heráclito, *Fragmentos*, 15, 41
Hípias, 31, 33, 34, 37, 38, 40, 41
Hitler, Adolf, 107

João Paulo II, Encíclica *Fé e Razão*, II, 79
Jesus (*O Novo Testamento, Os Evangelhos*), 19, 22, 79, 126, 130

Kant, Immanuel, *Crítica da razão pura — Crítica da razão prática — Crítica da faculdade de julgar*, 25, 47, 48, 69, 72, 75, 77, 78, 83, 99, 102, 112, 113

Lanza del Vasto, *A peregrinação às fontes*, 13
Laplace, Pierre, 73
Leibniz, Gottfried Wilhelm, *A monadologia*, 58, 122
Lucrécio, 79

Malebranche, Nicolas (segundo Fontenelle), 118

Mann, Thomas, *Morte em Veneza* (adaptado para o cinema por Visconti), 130
Molière, *O burguês fidalgo*, 26
Mozart, W. A., *A flauta mágica* (libreto de Da Ponte), 10

Napoleão, 73, 104
Nietzsche, Friedrich, *O nascimento da tragédia — Assim falou Zaratustra*, 19, 25, 48, 101, 102, 103, 104, 105, 131

Parmênidas, *Poema*, 25, 41, 42, 43
Pascal, *Pensamentos*, 41, 49, 103, 117
Fídias, *Atenas Criselefantina*, 34
Platão, *Apologia de Sócrates — Hípias maior — A República — O banquete — O sofista — Parmênidas*, 25, 26, 27, 37, 38, 39, 41, 42, 43, 56, 71, 78, 84, 94, 102, 105, 106, 118, 121, 129, 130
Pôncio Pilatos (*O Novo Testamento, Os Evangelhos*), 79, 126

Rawls, John, *Uma teoria da justiça*, 126
Robespierre, Maximilien, 107
Sade (Marquês de), 95
Schopenhauer, Arthur, *A arte de ter razão — A arte de ser feliz — O mundo como vontade e representação*, 119
Shakespeare, William, *Hamlet*, 113

Sócrates, 15, 19, 31, 33, 34, 39, 40, 42, 102, 118, 133
Spinoza, Baruch, *Ética*, 65
Stalin, Joseph, 107
Stravinsky, Igor, *A sagração da primavera* (Balé de Maurice Béjart), 99

Tomás de Aquino (santo), 46
Trenet, Charles, *Canções*, 99

Vermeer, Johannes, *A rendeira*, 99
Voltaire, *Cândido*, 58, 134
Warhol, Andy, *Marylin Monroe*, 29, 30

Este livro foi impresso nas oficinas da
Distribuidora Record de Serviços de Imprensa S.A.
Rua Argentina, 171 – Rio de Janeiro, RJ
para a
Editora José Olympio Ltda.
em agosto de 2008

*

76º aniversário desta Casa de livros, fundada em 29.11.1931